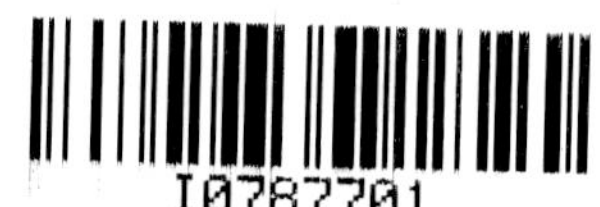

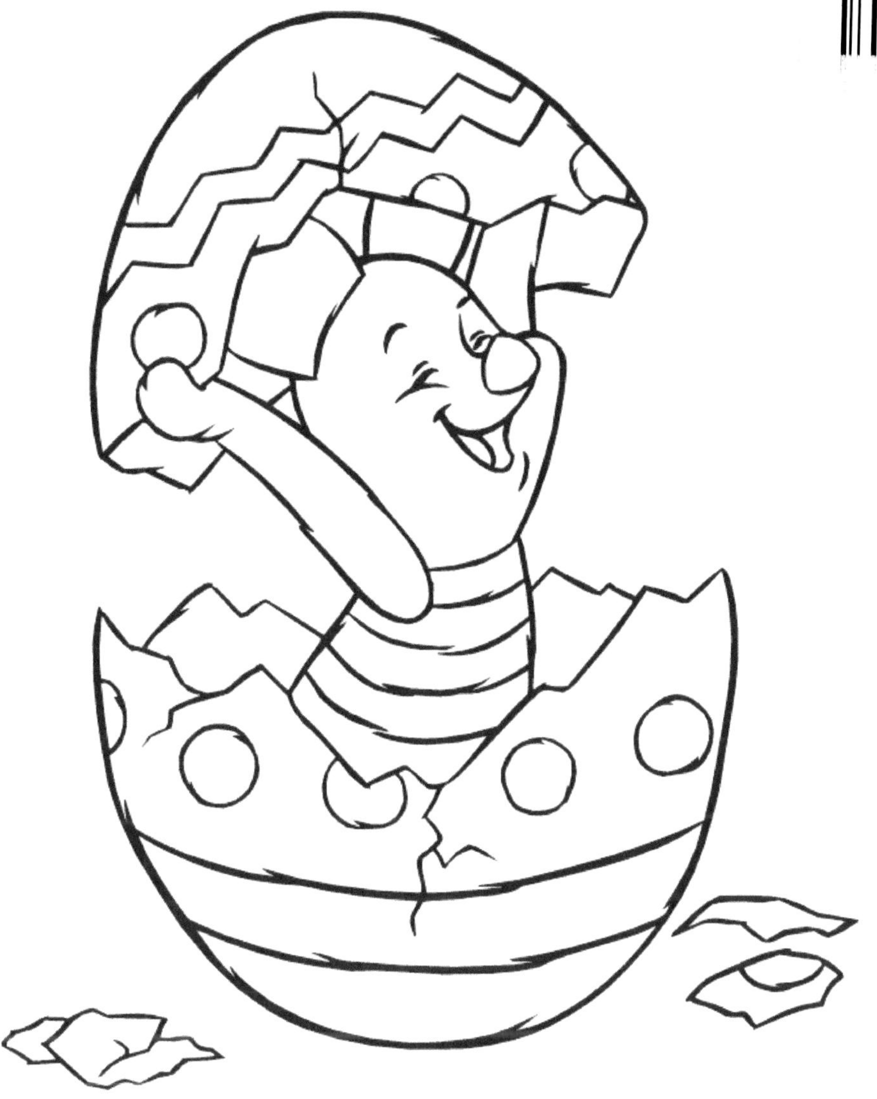

THIS BOOK BELONGS TO

____

____

____

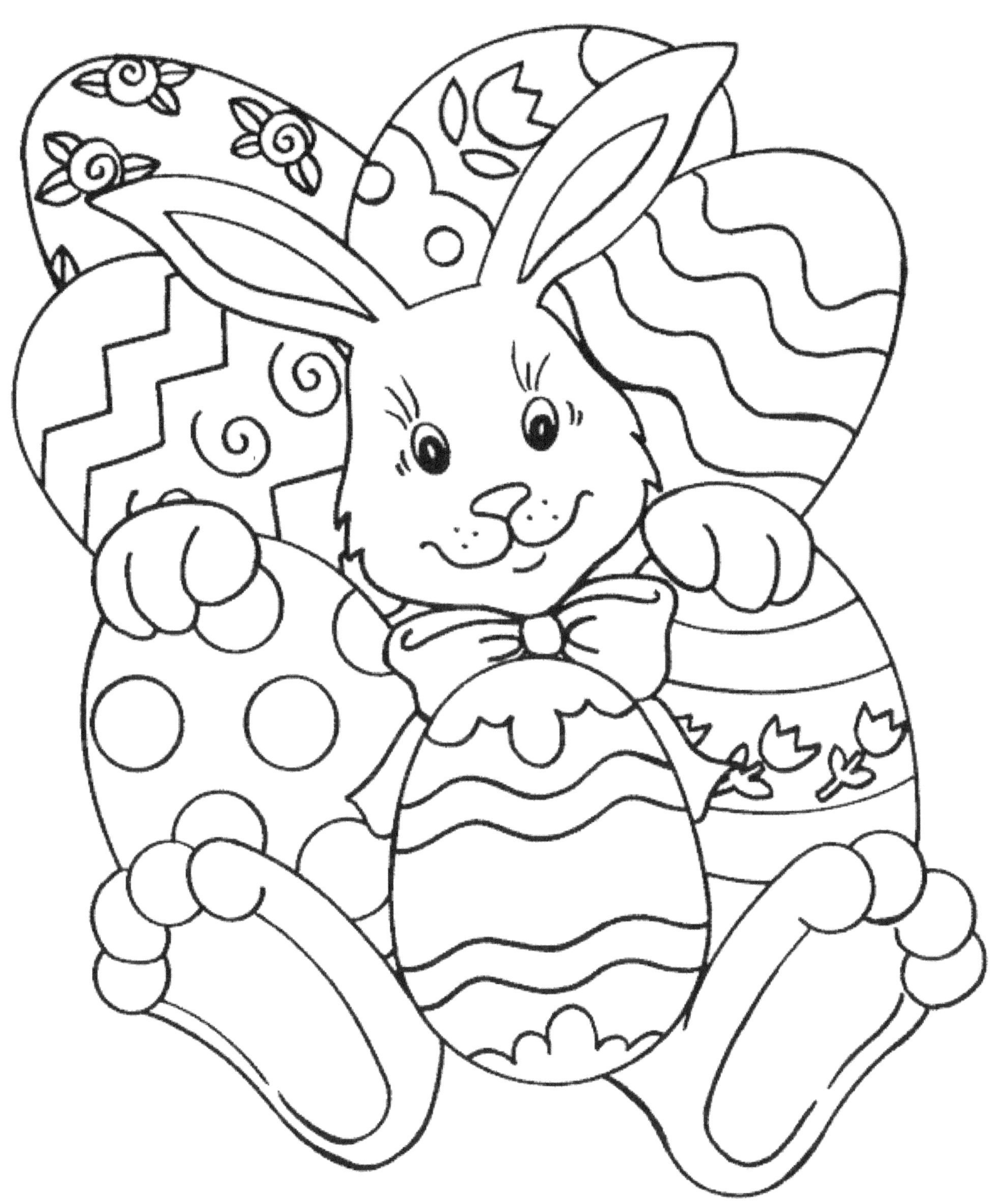

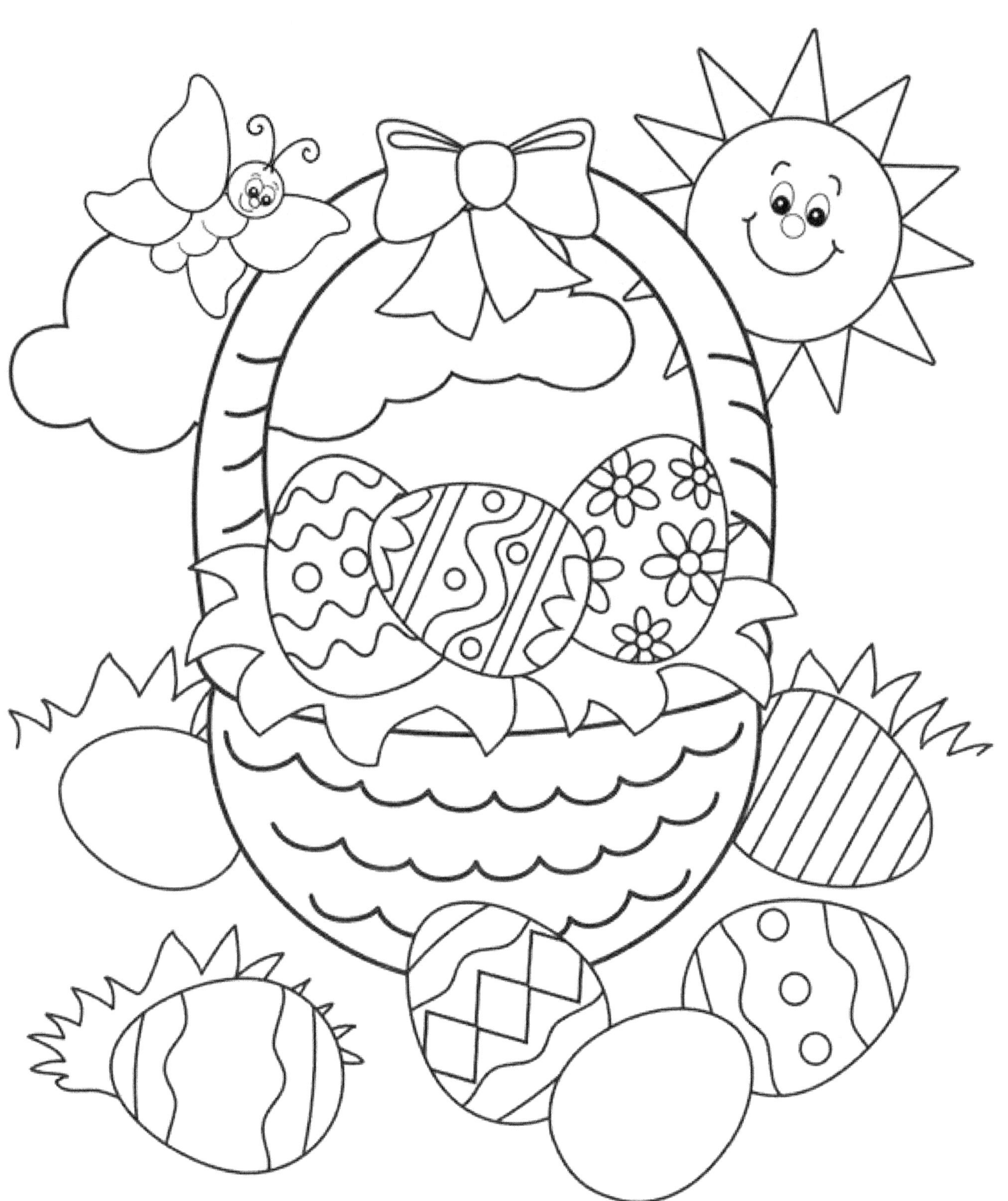

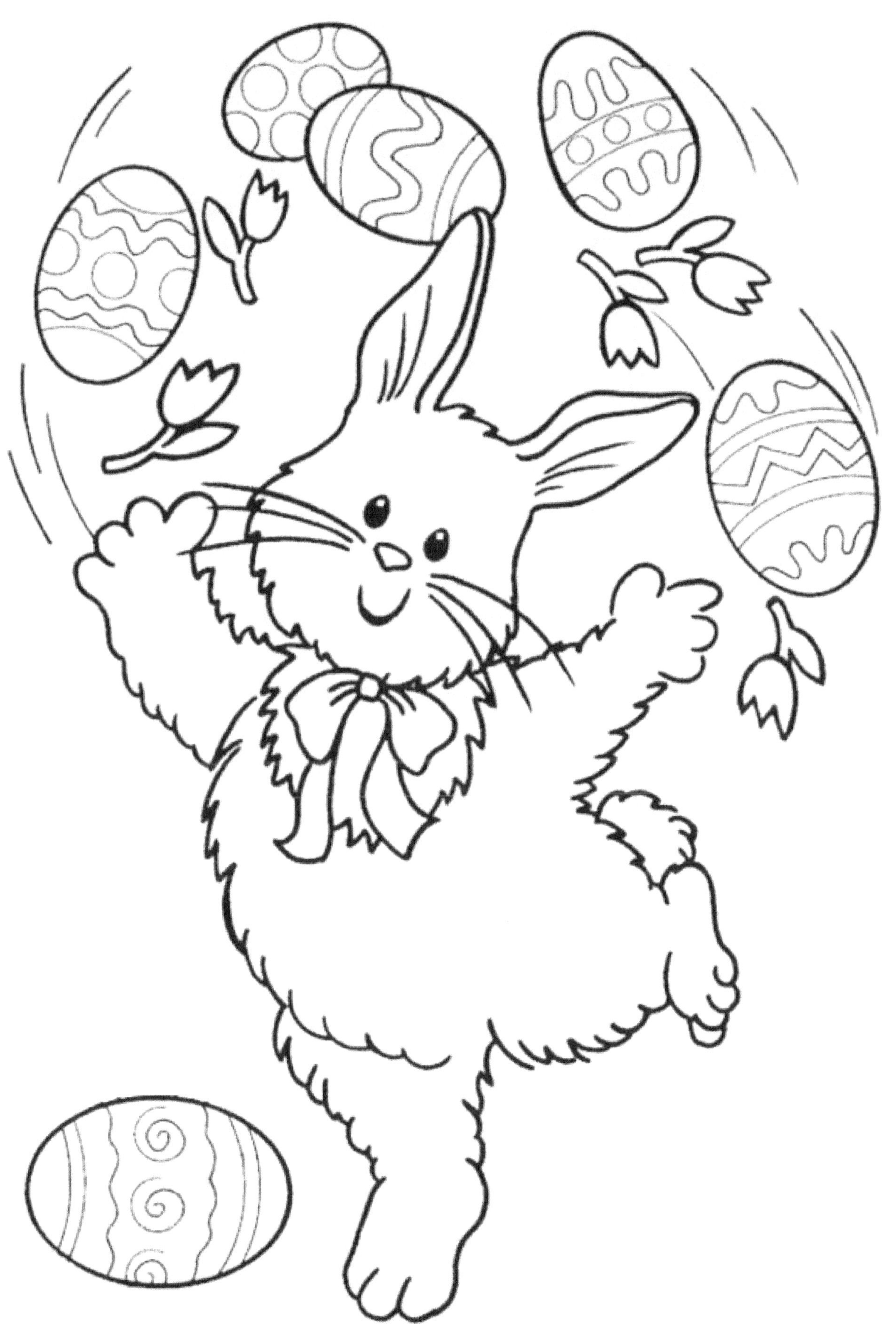

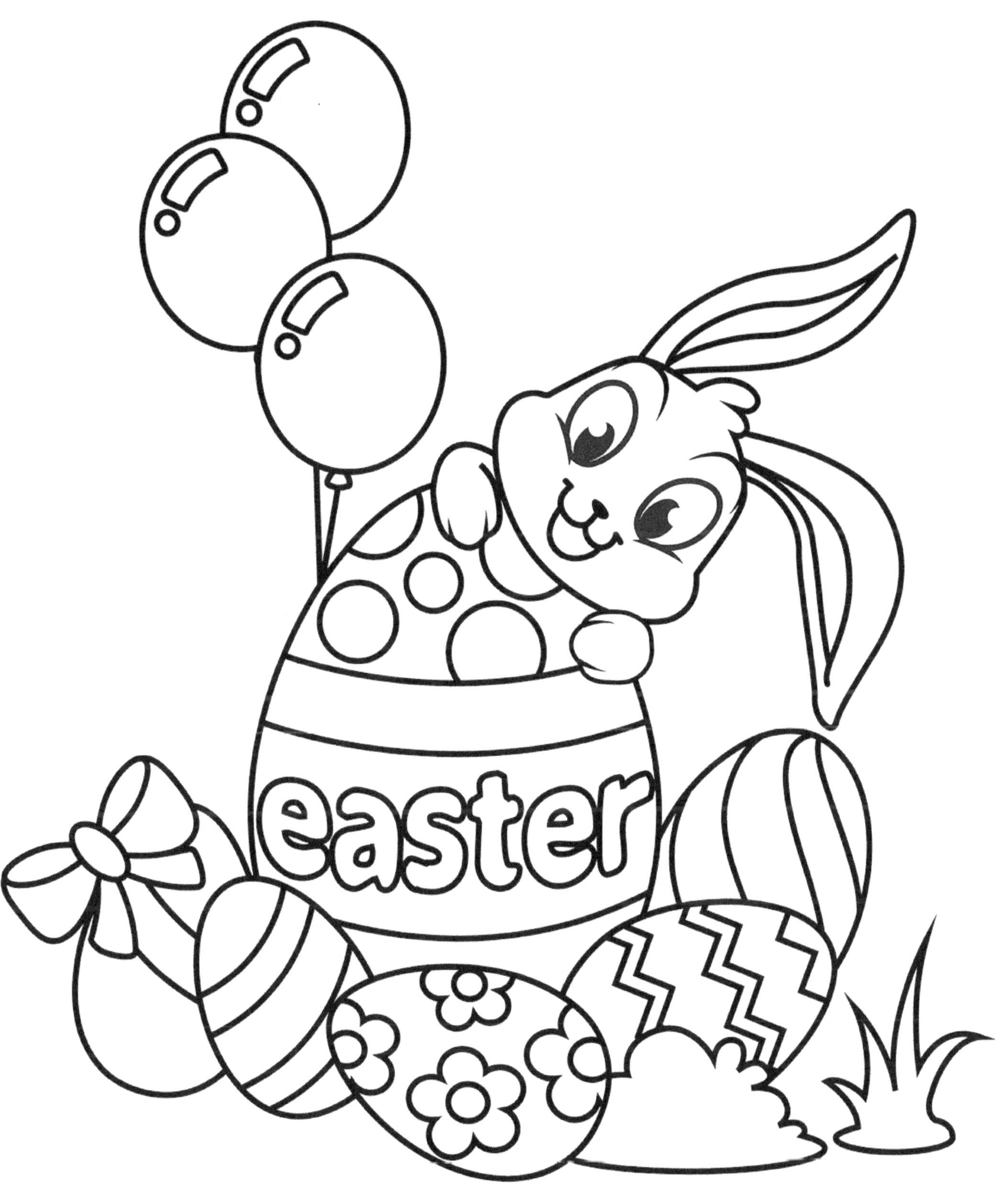
easter

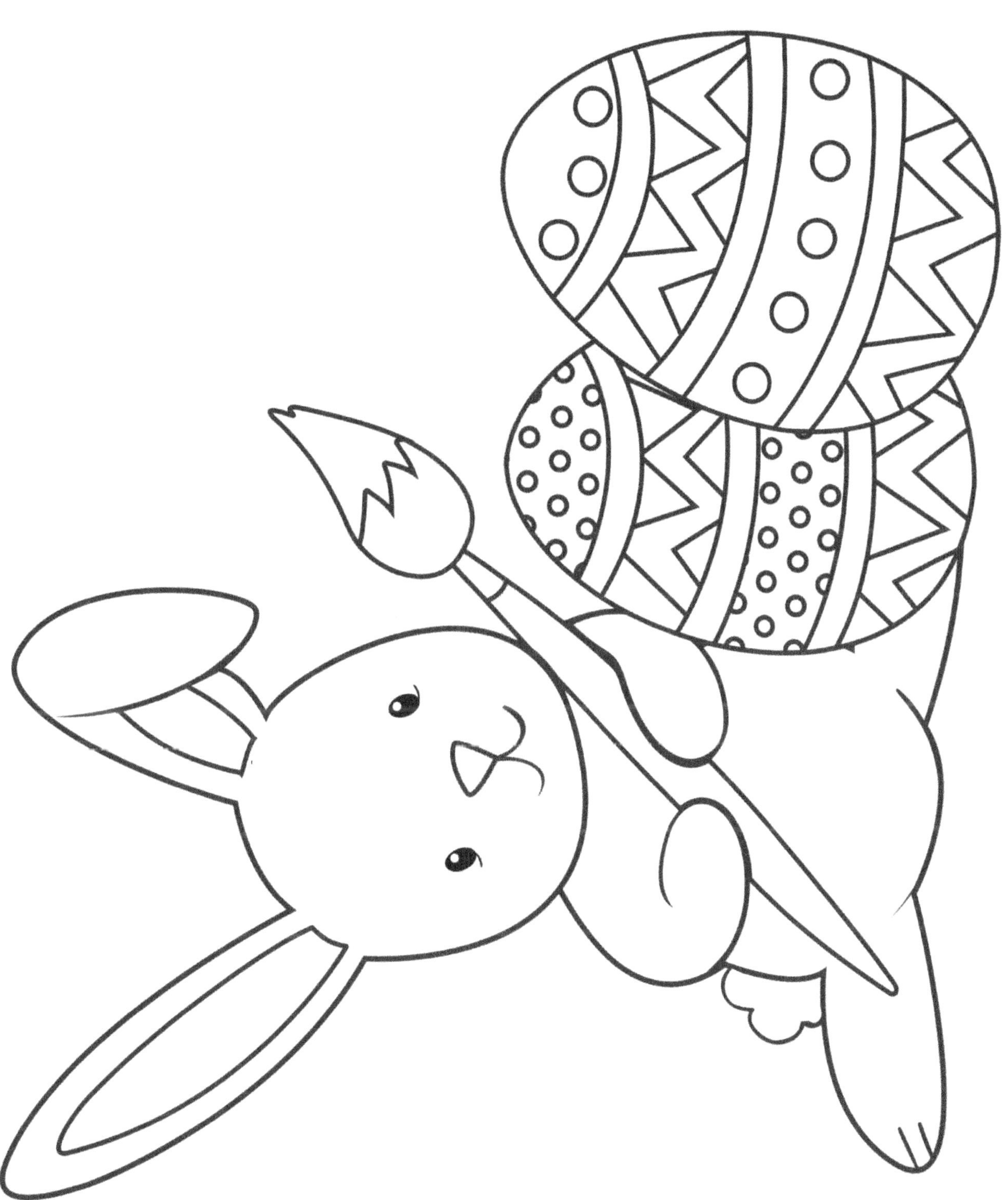

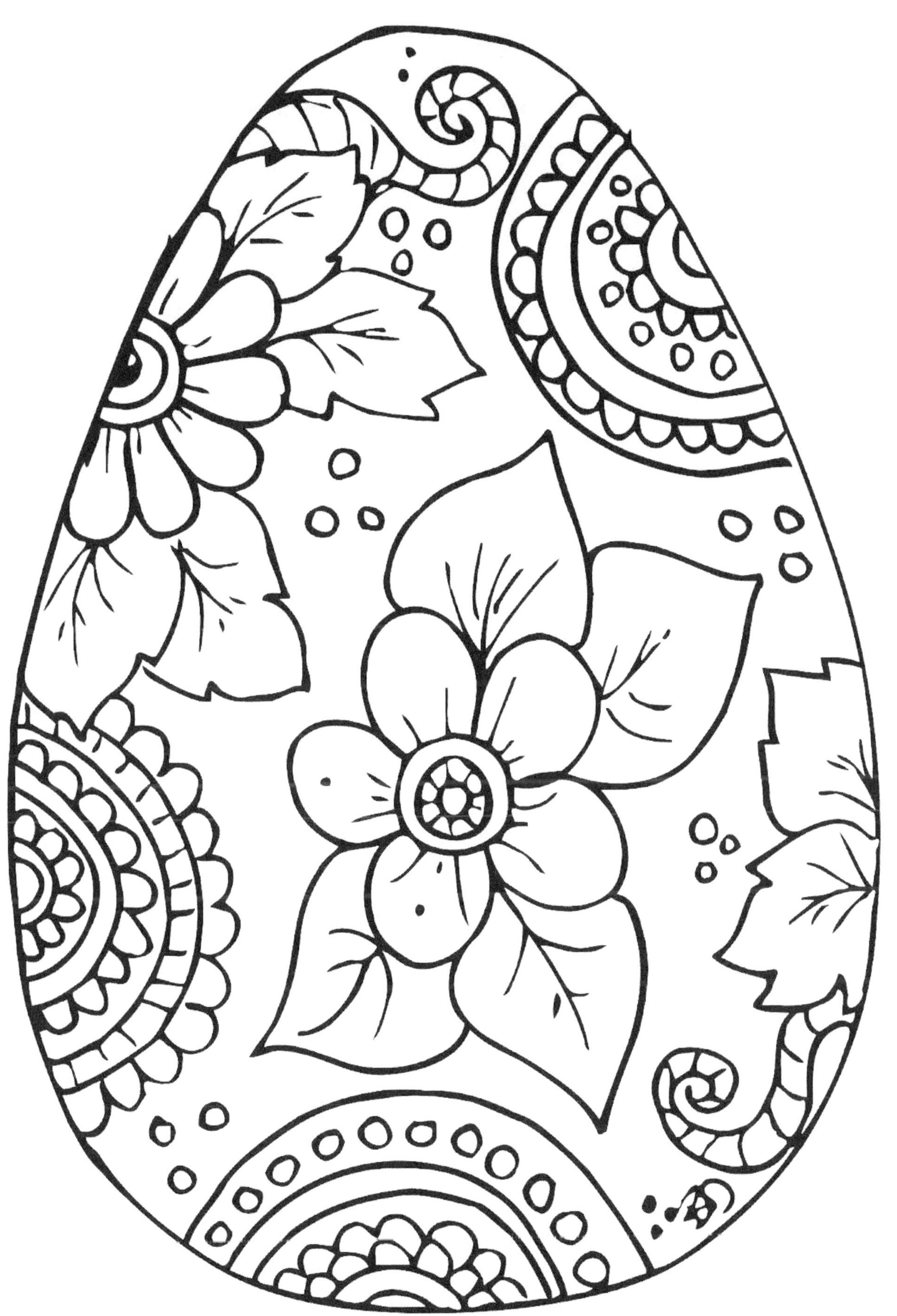

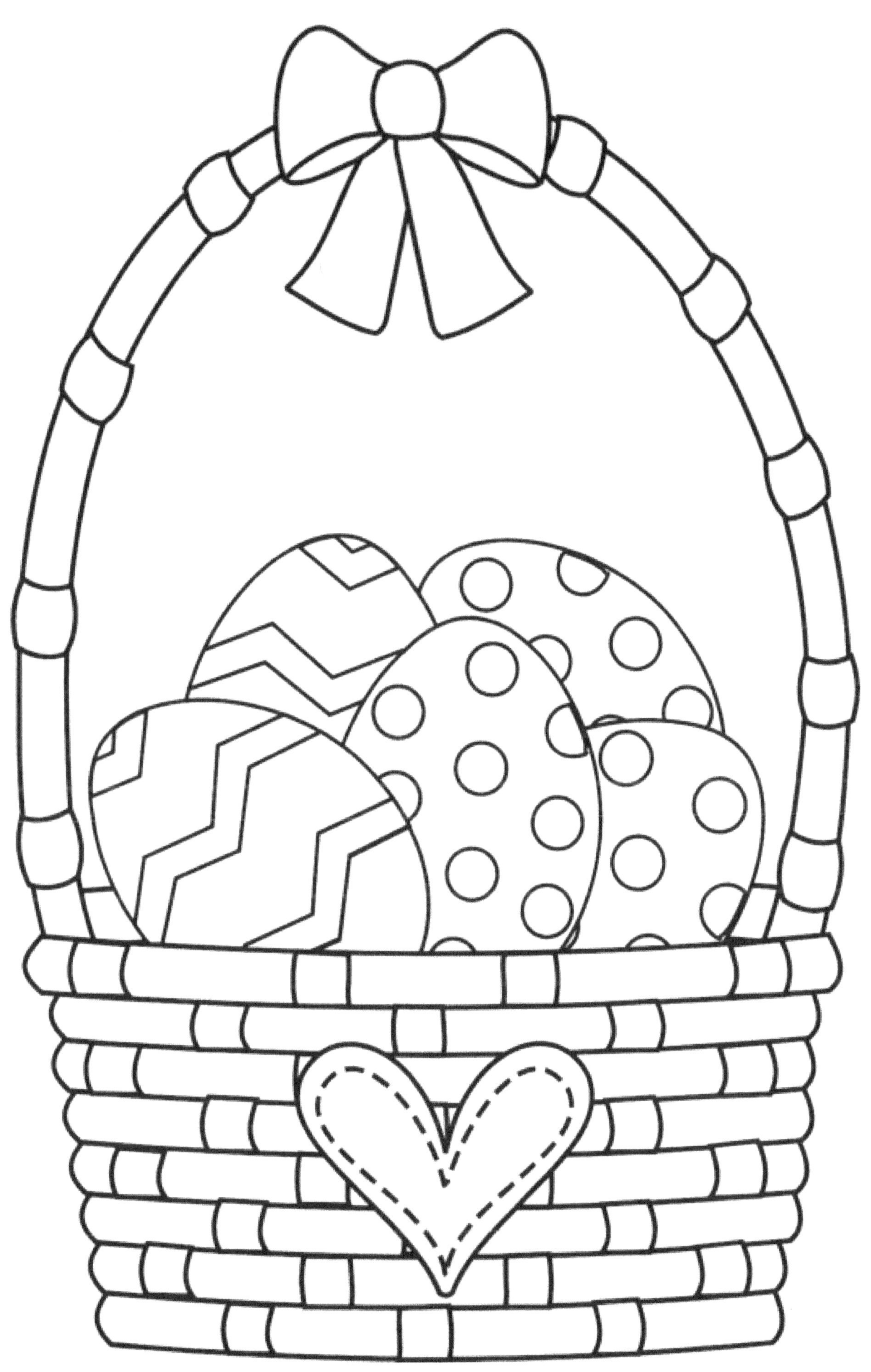

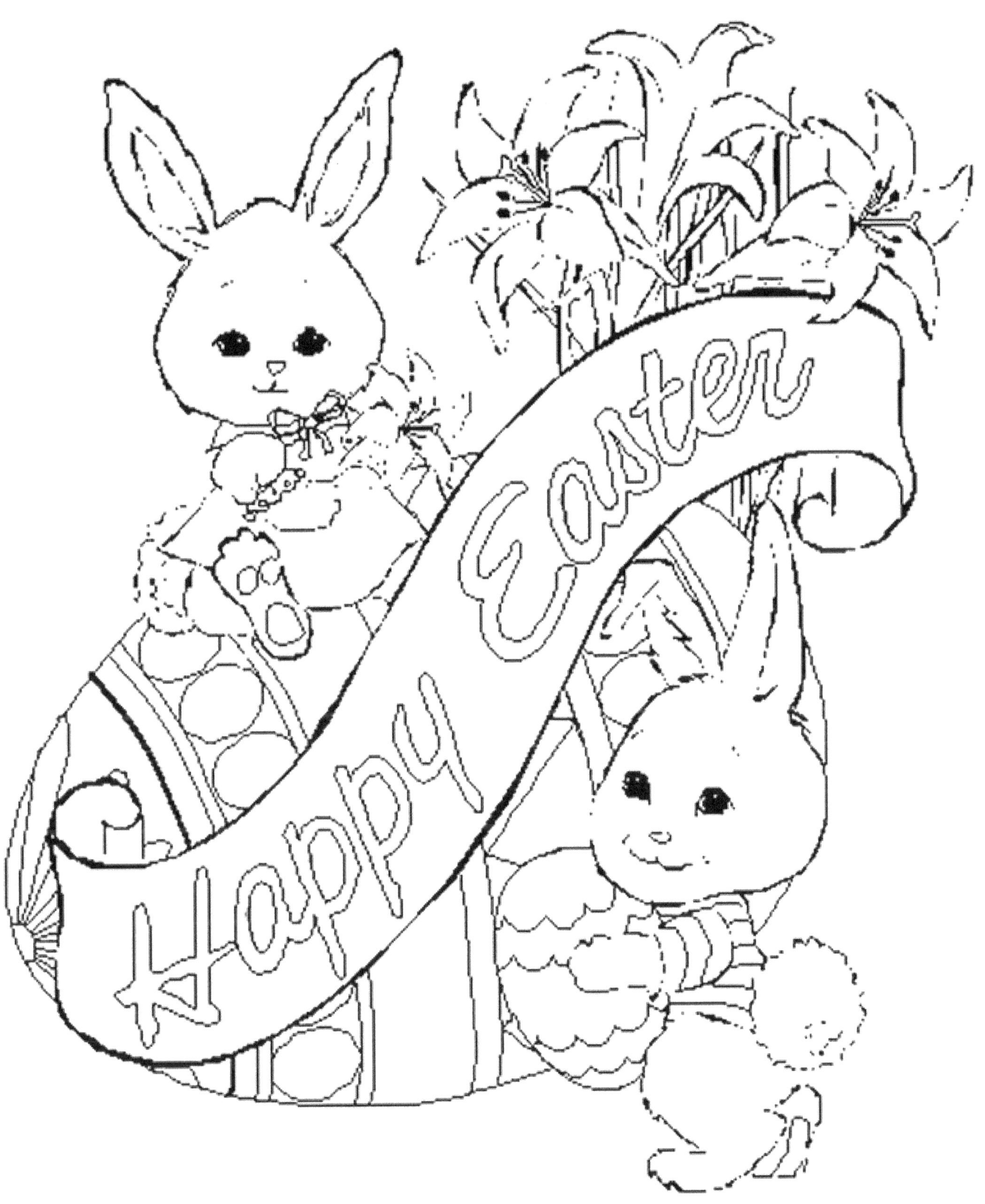

Happy Easter

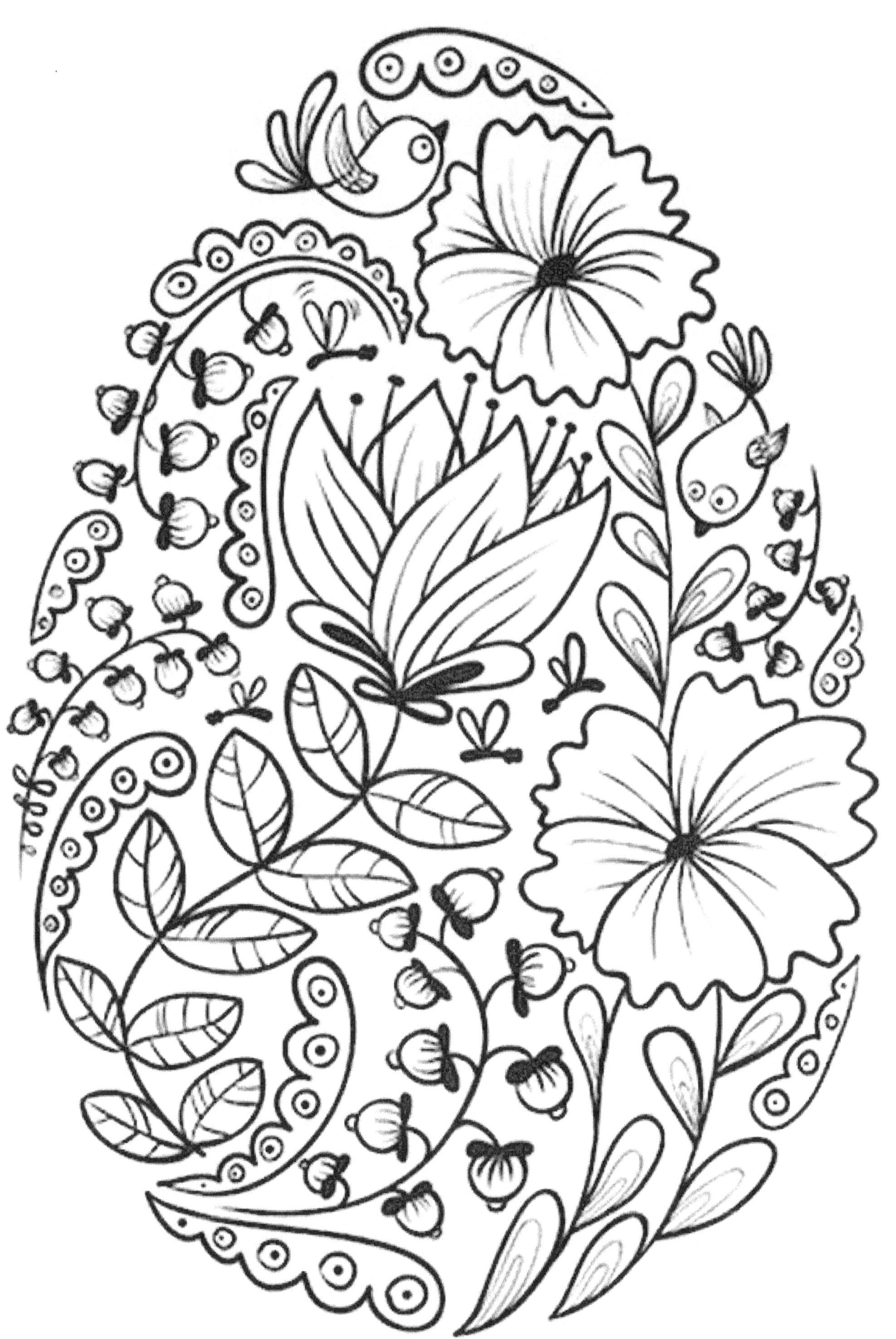

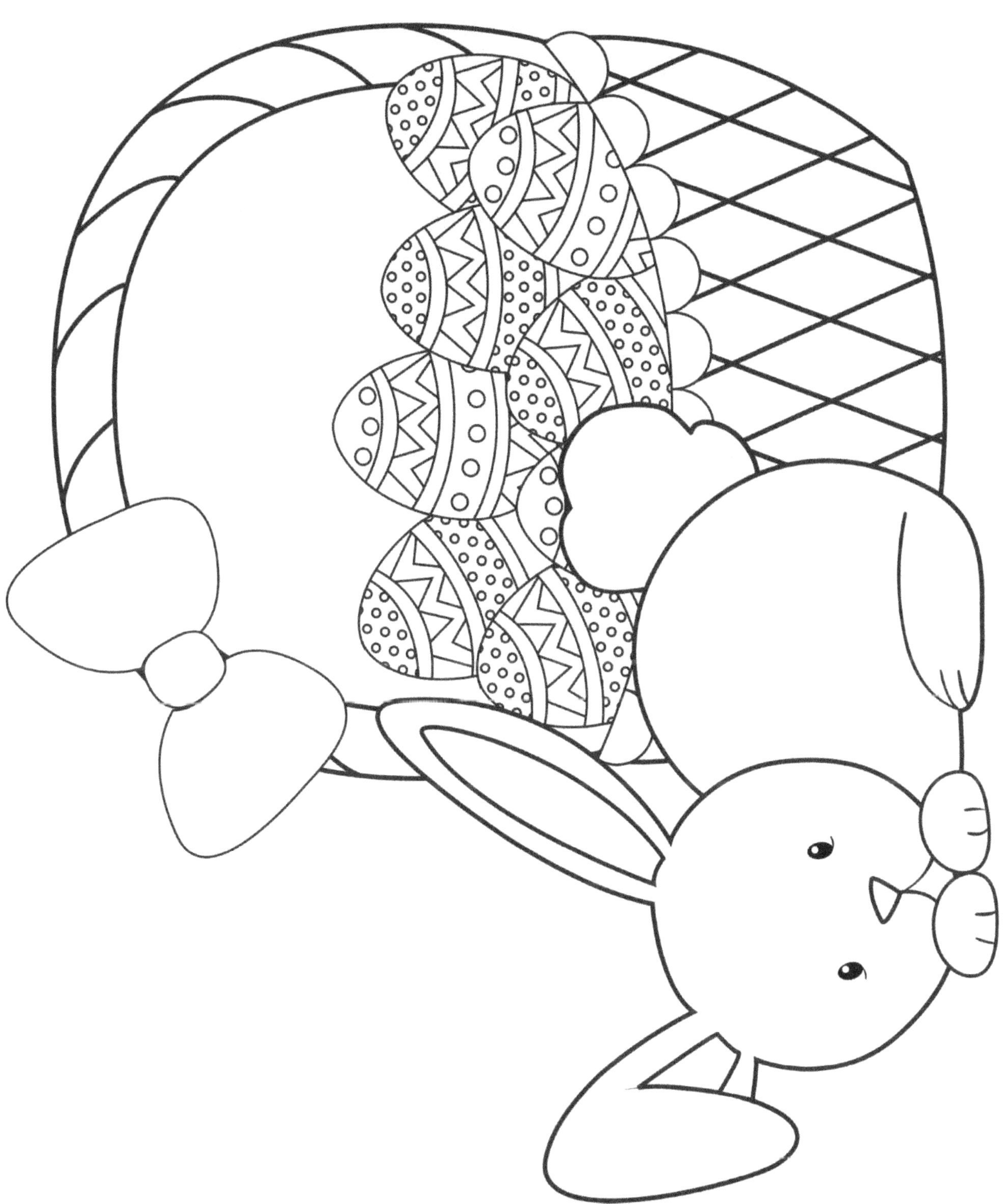

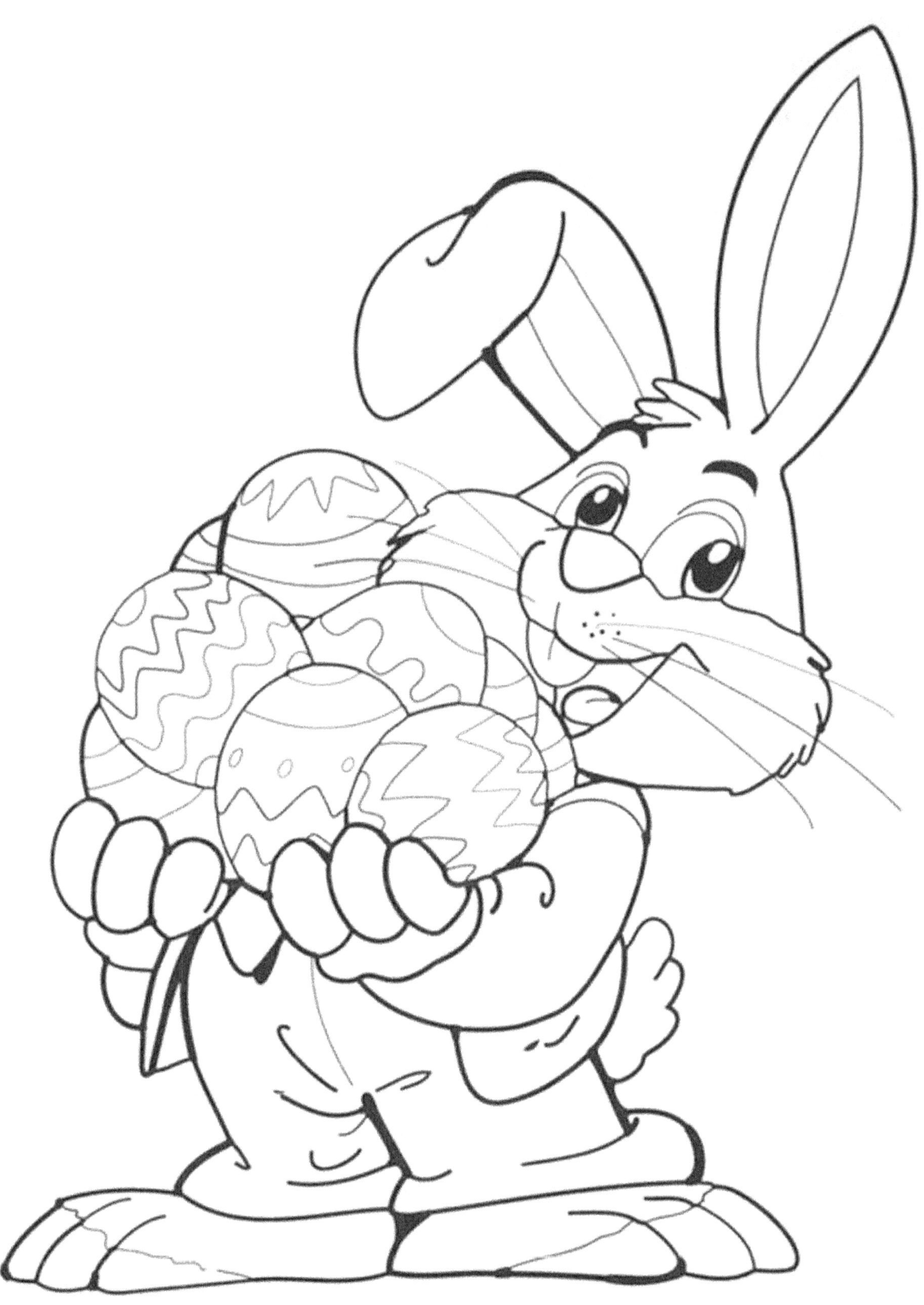

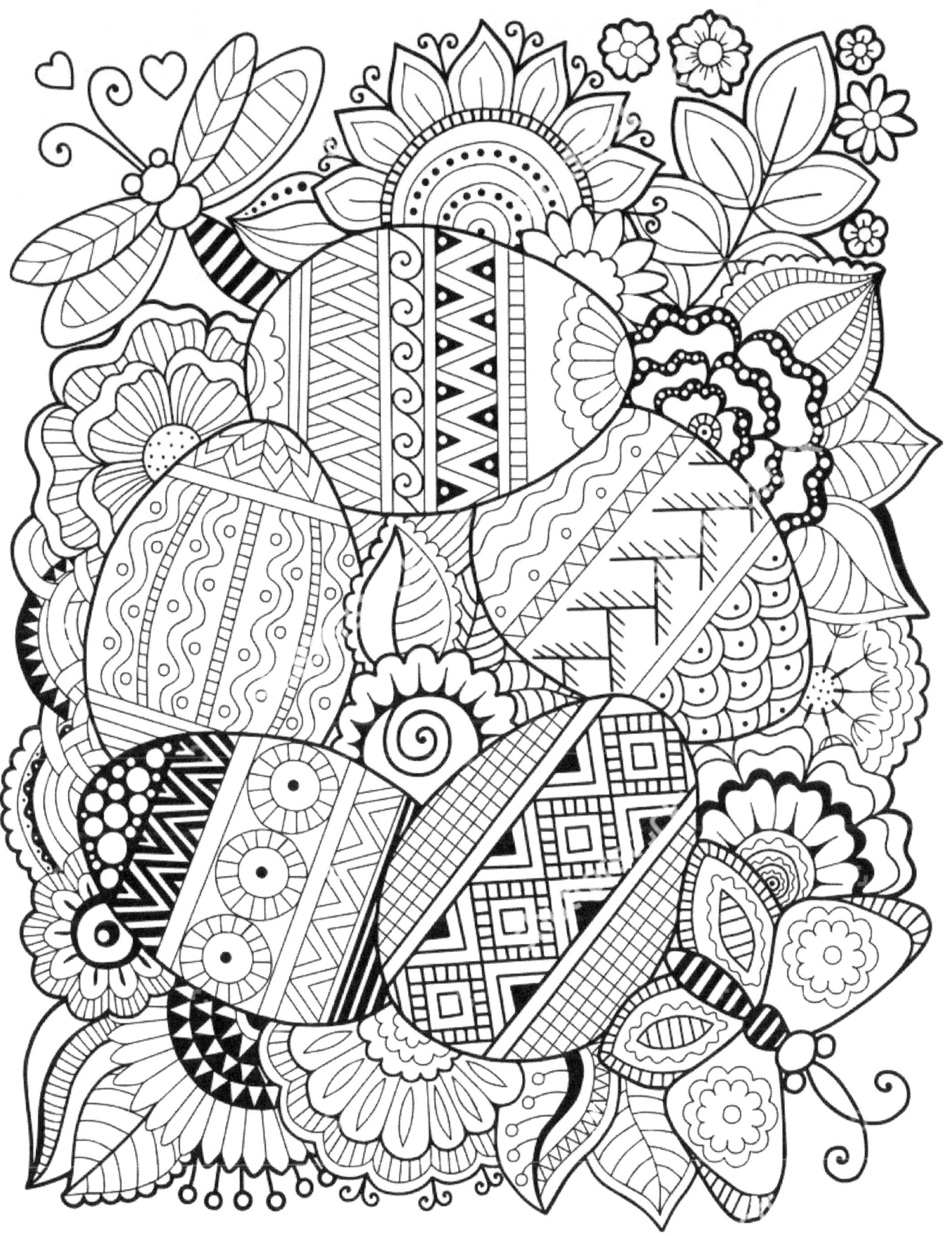

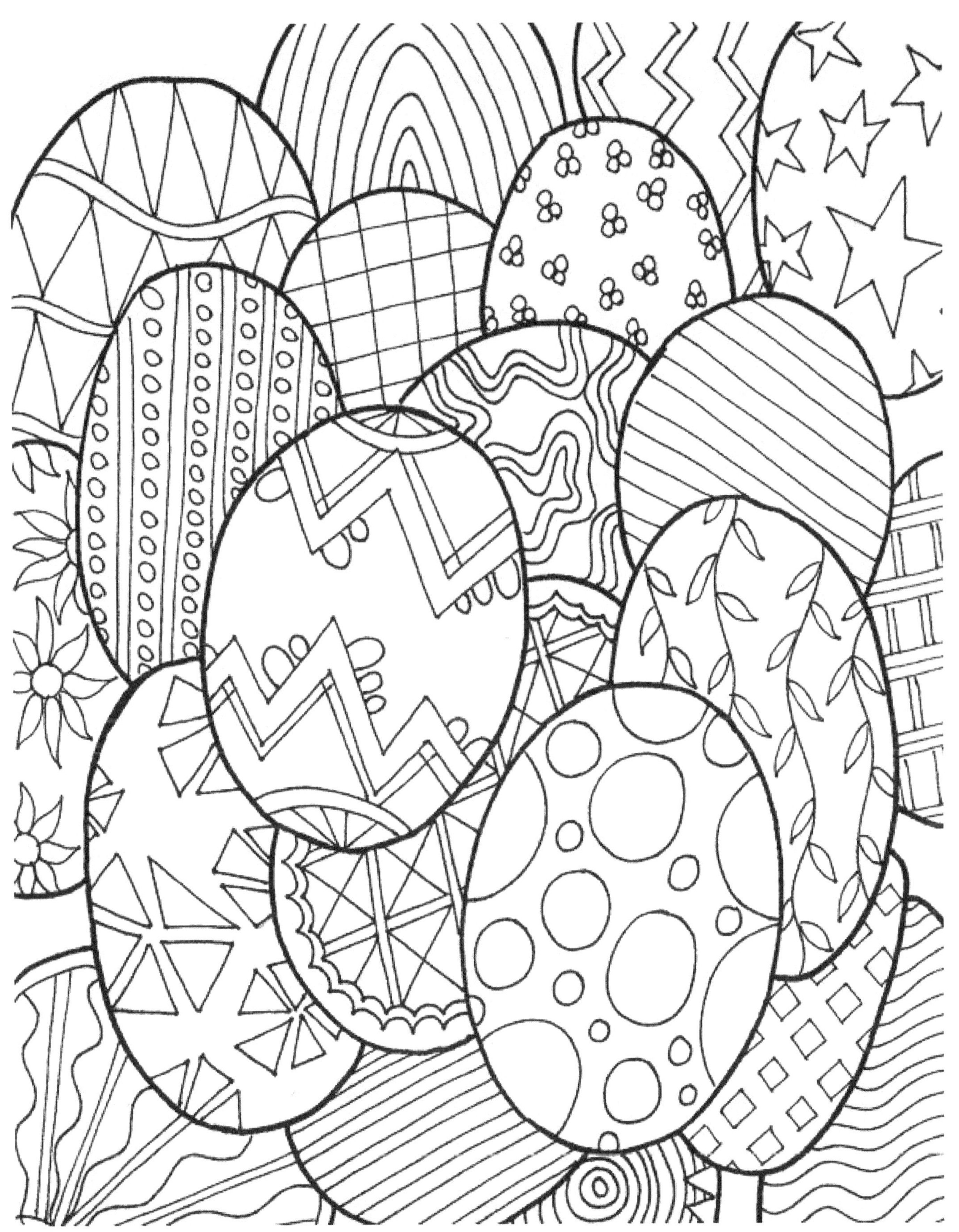

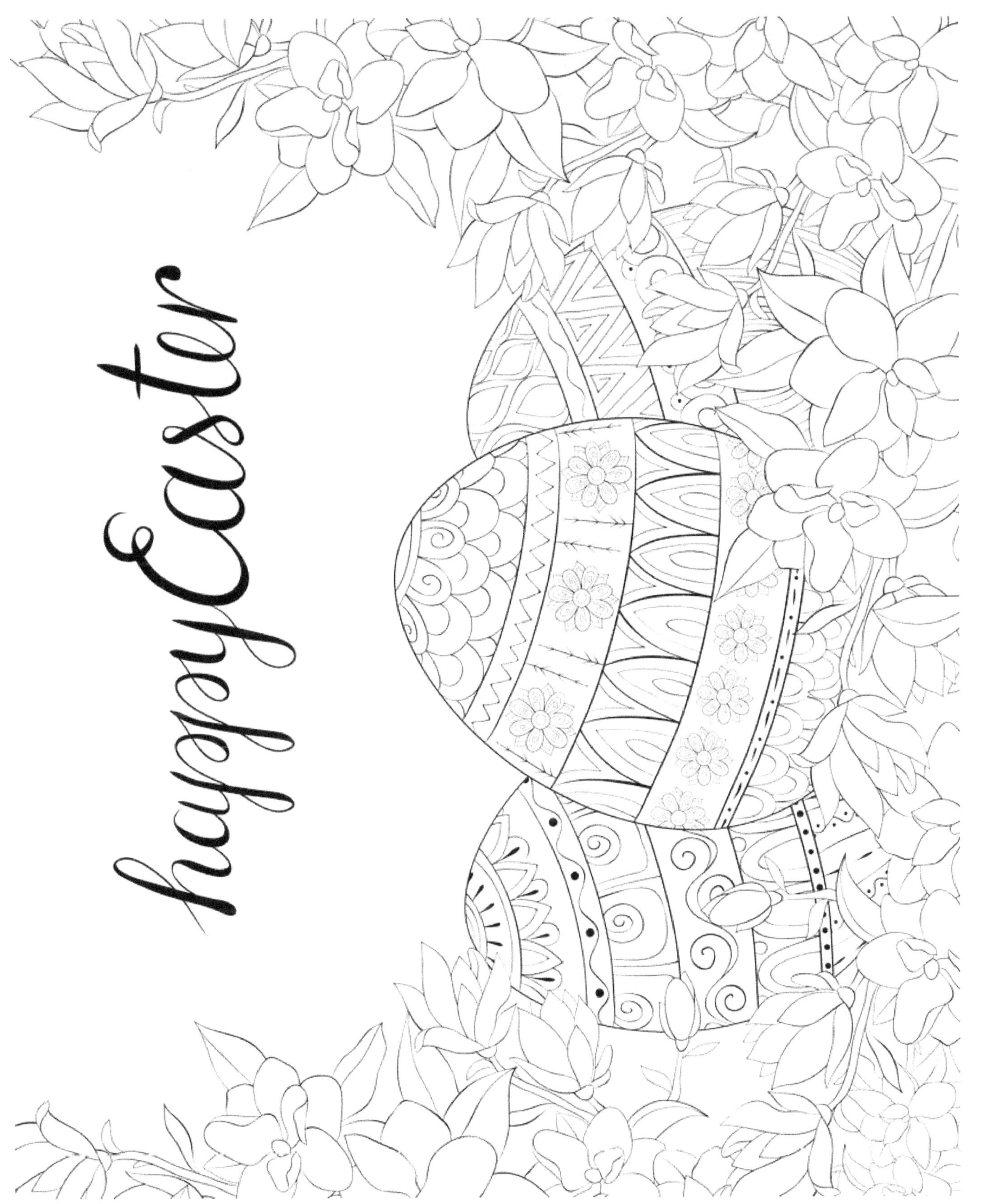
happyEaster

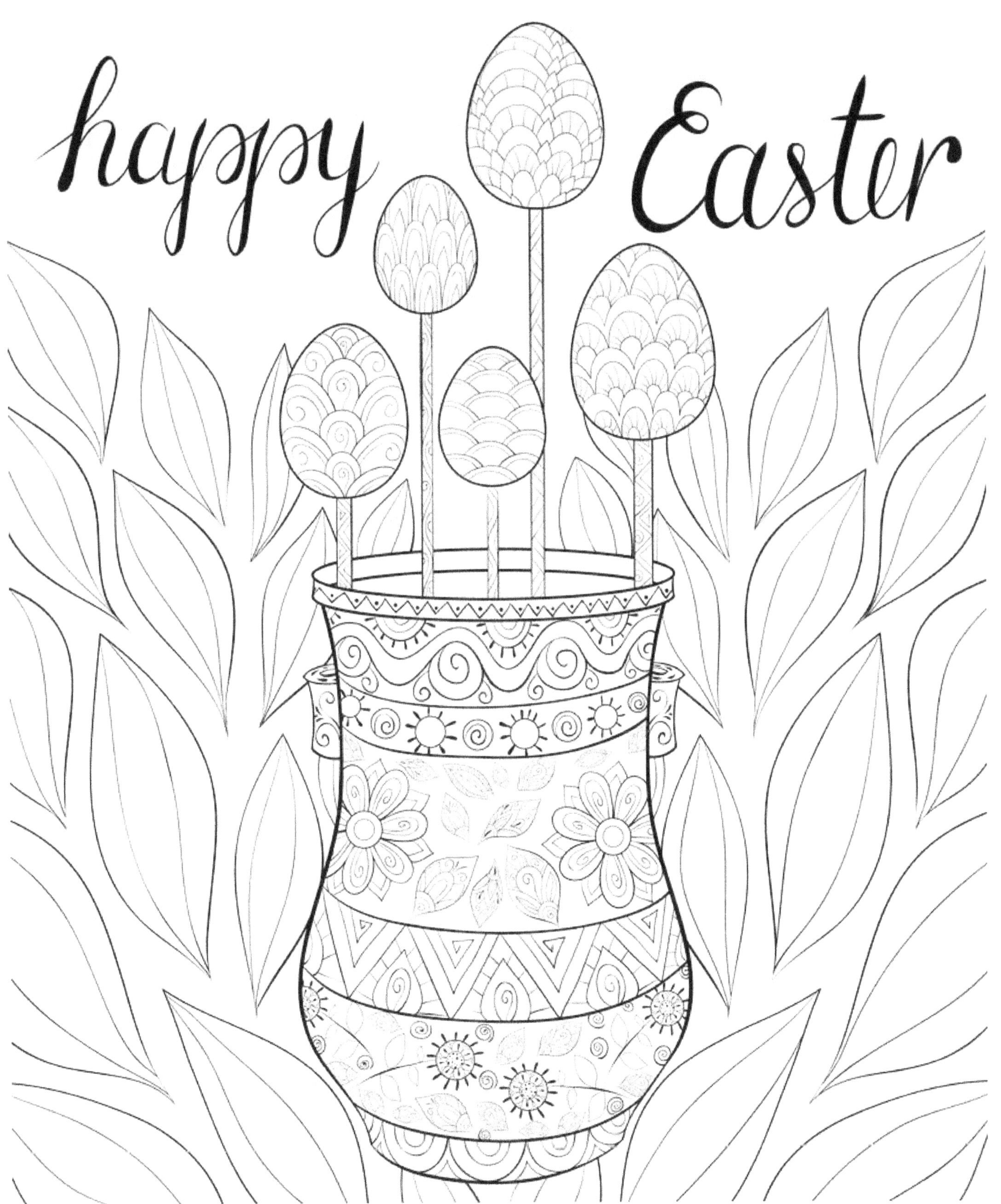

happy
Easter

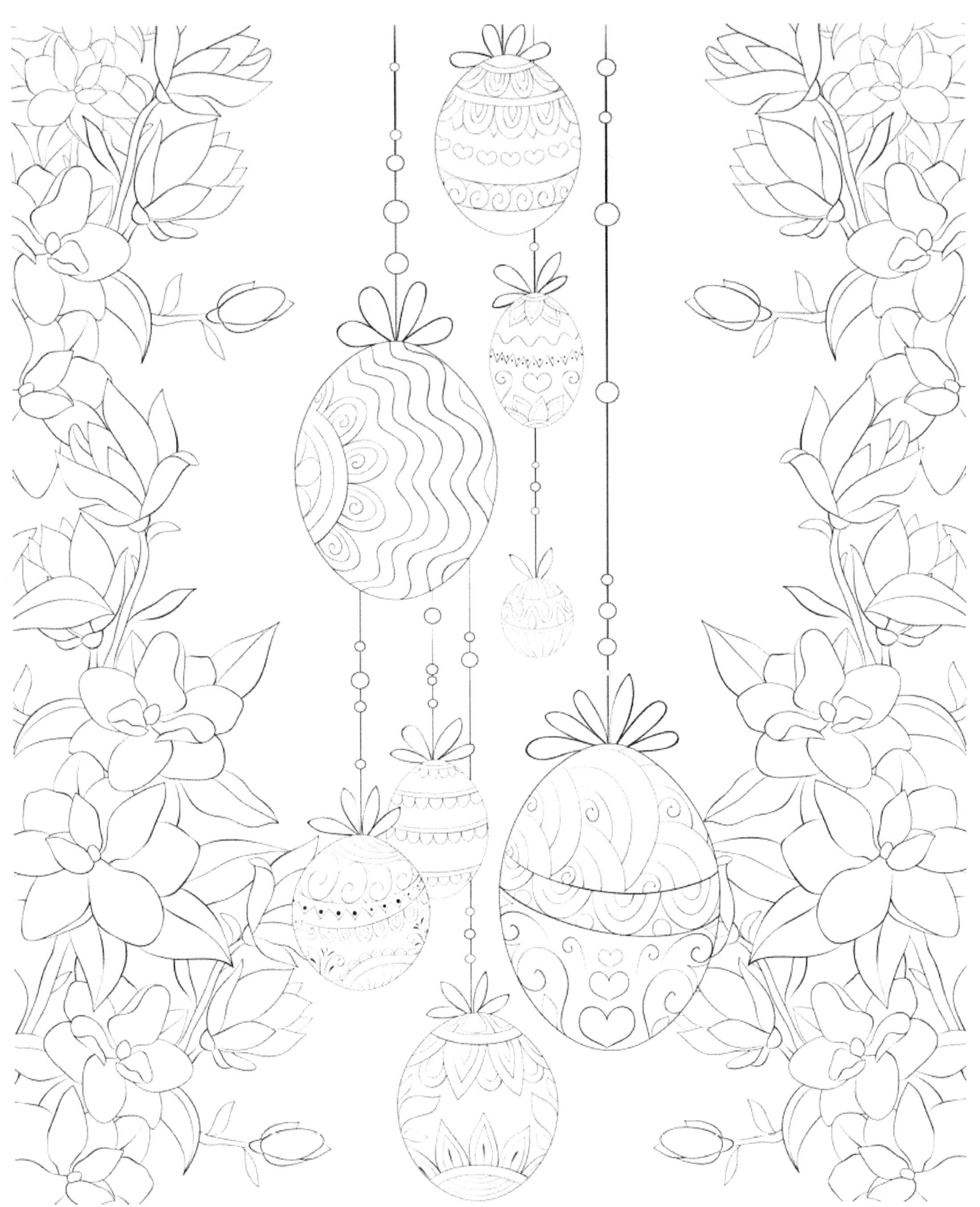

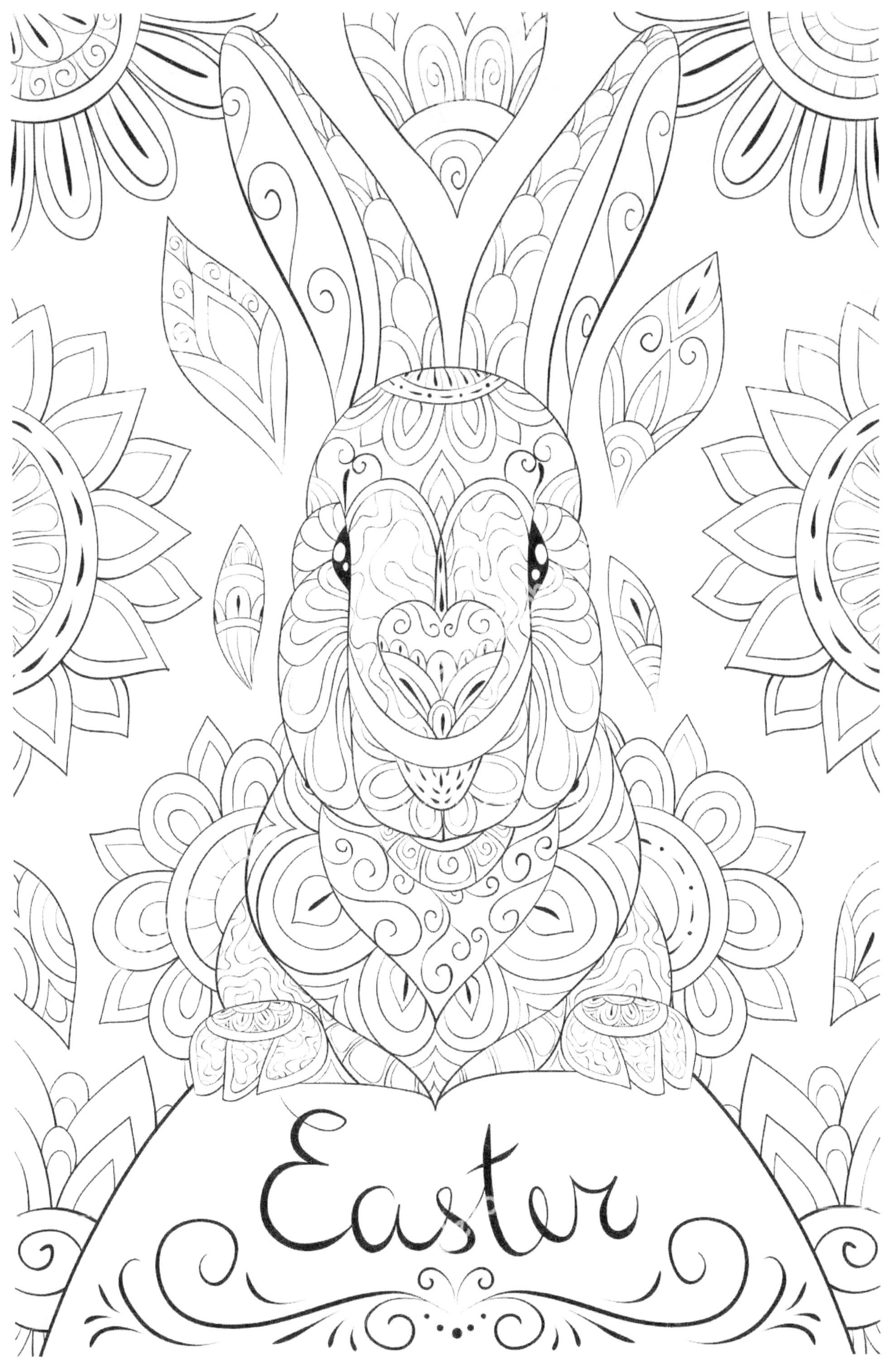
Easter

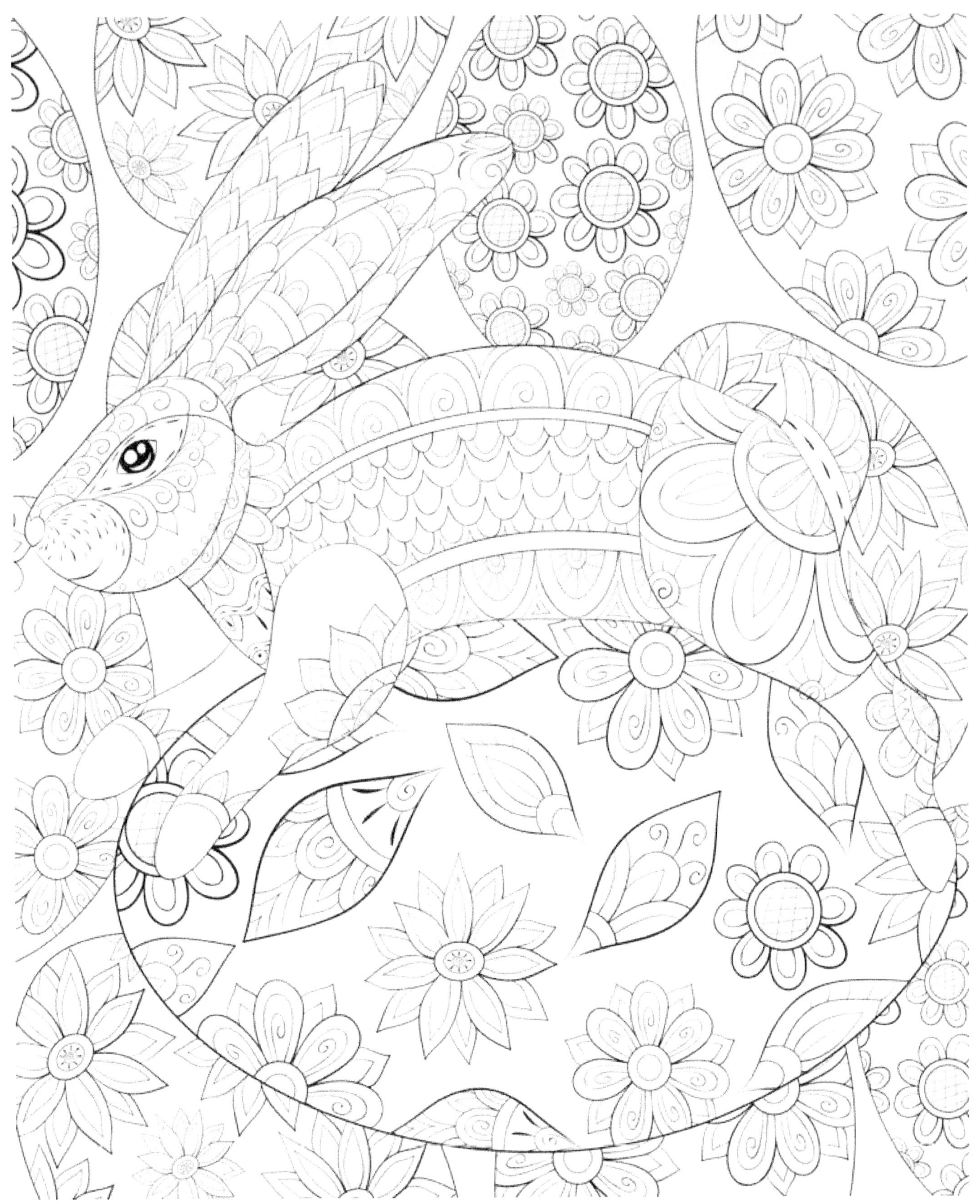

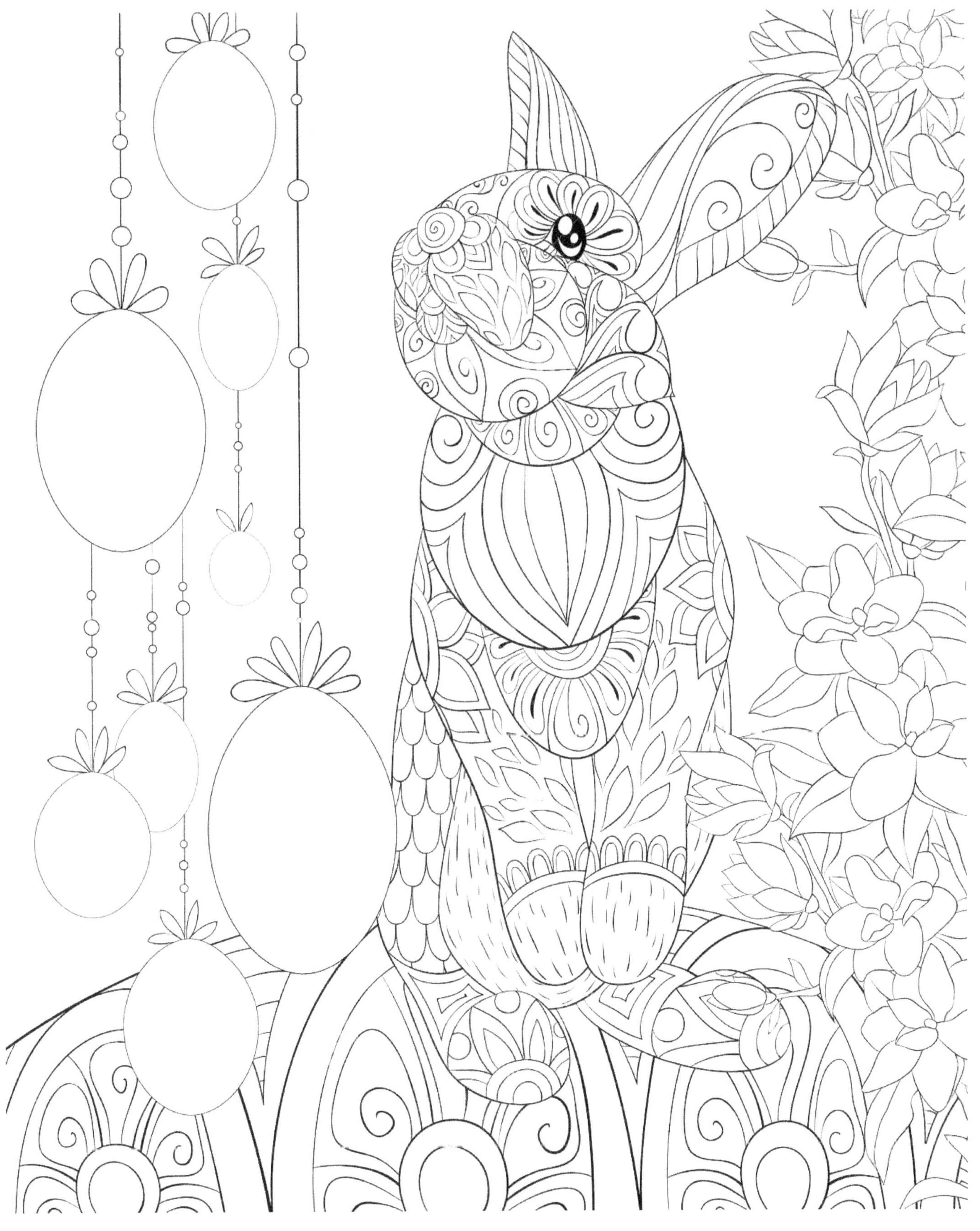

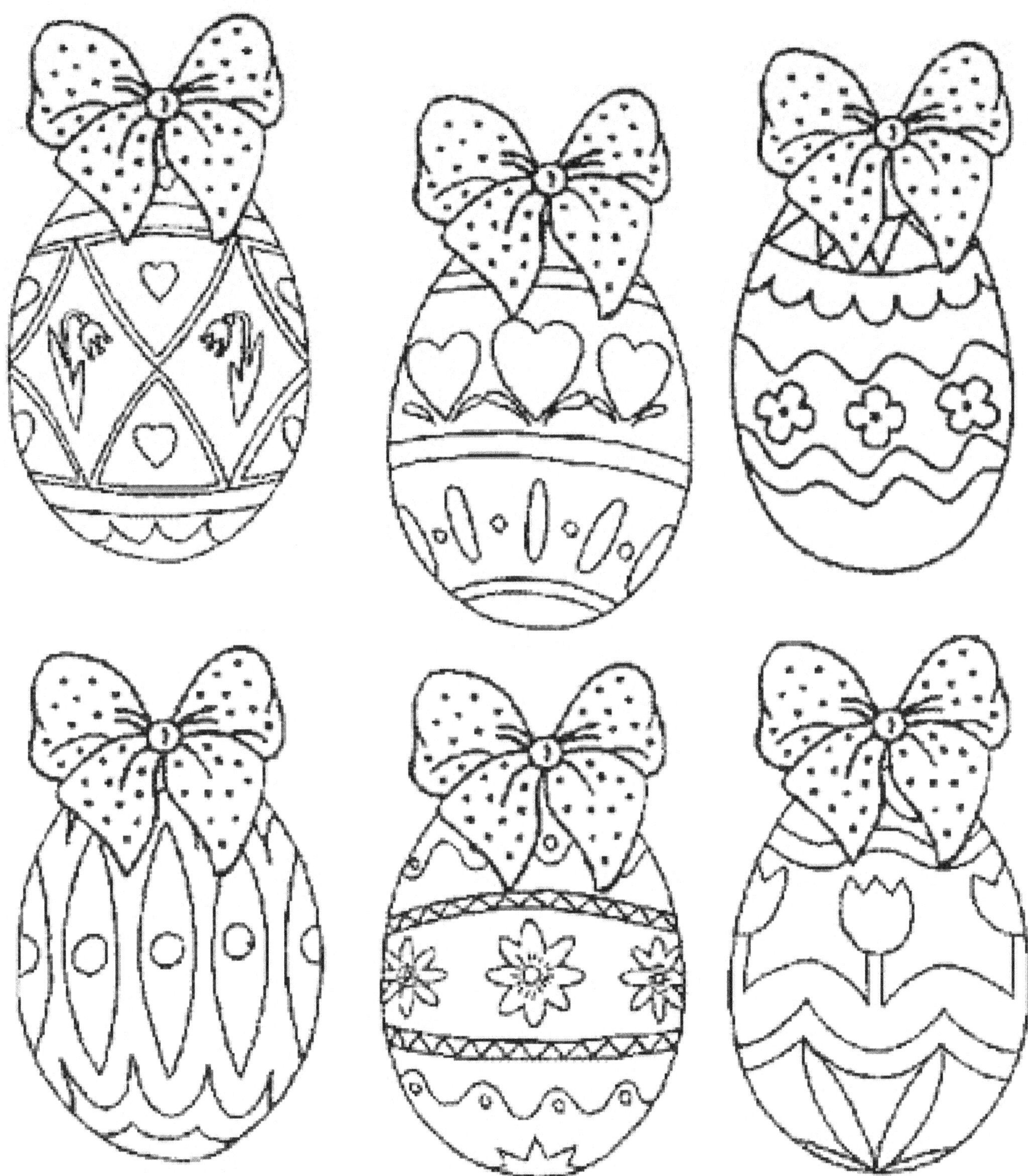

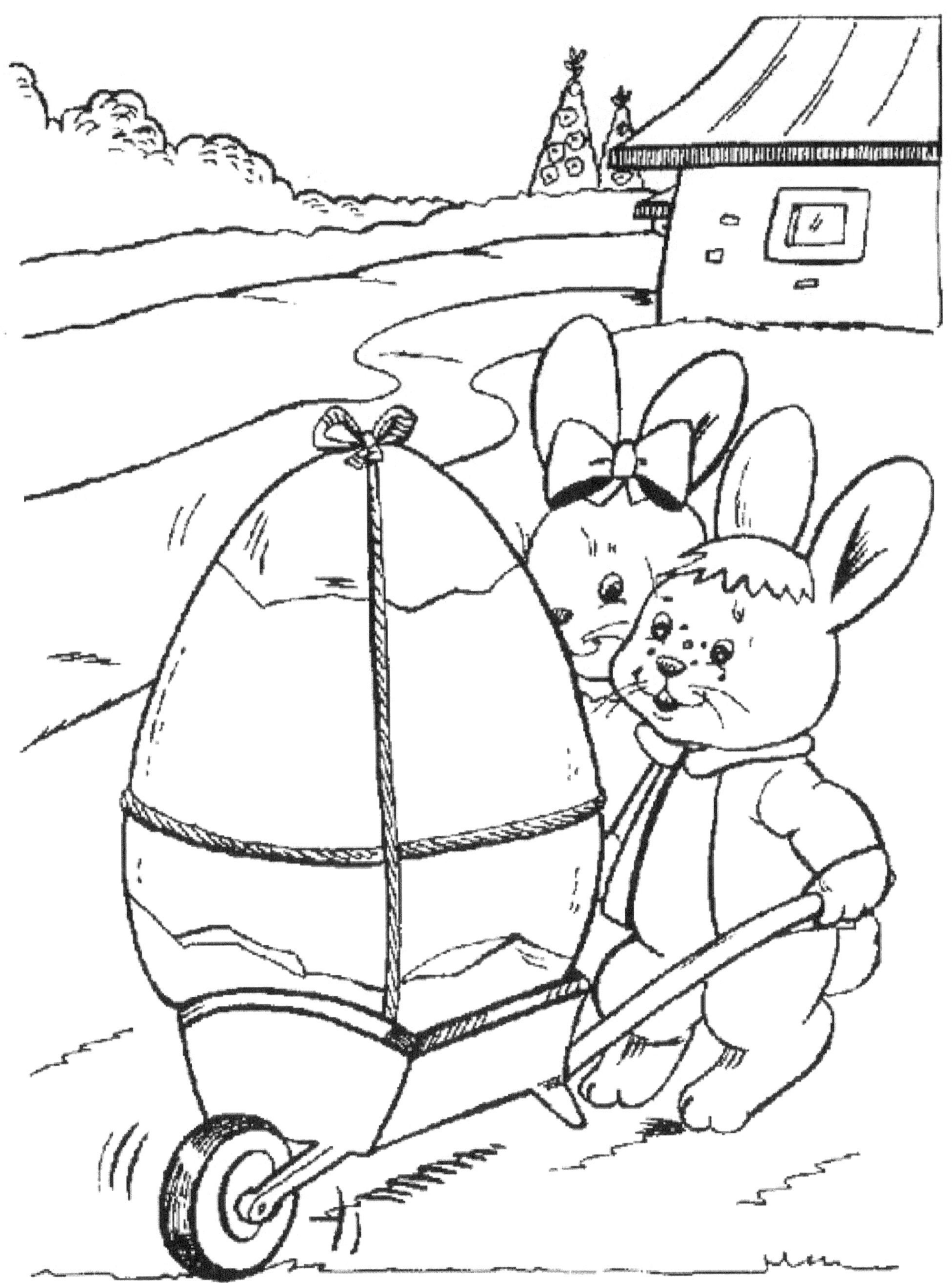

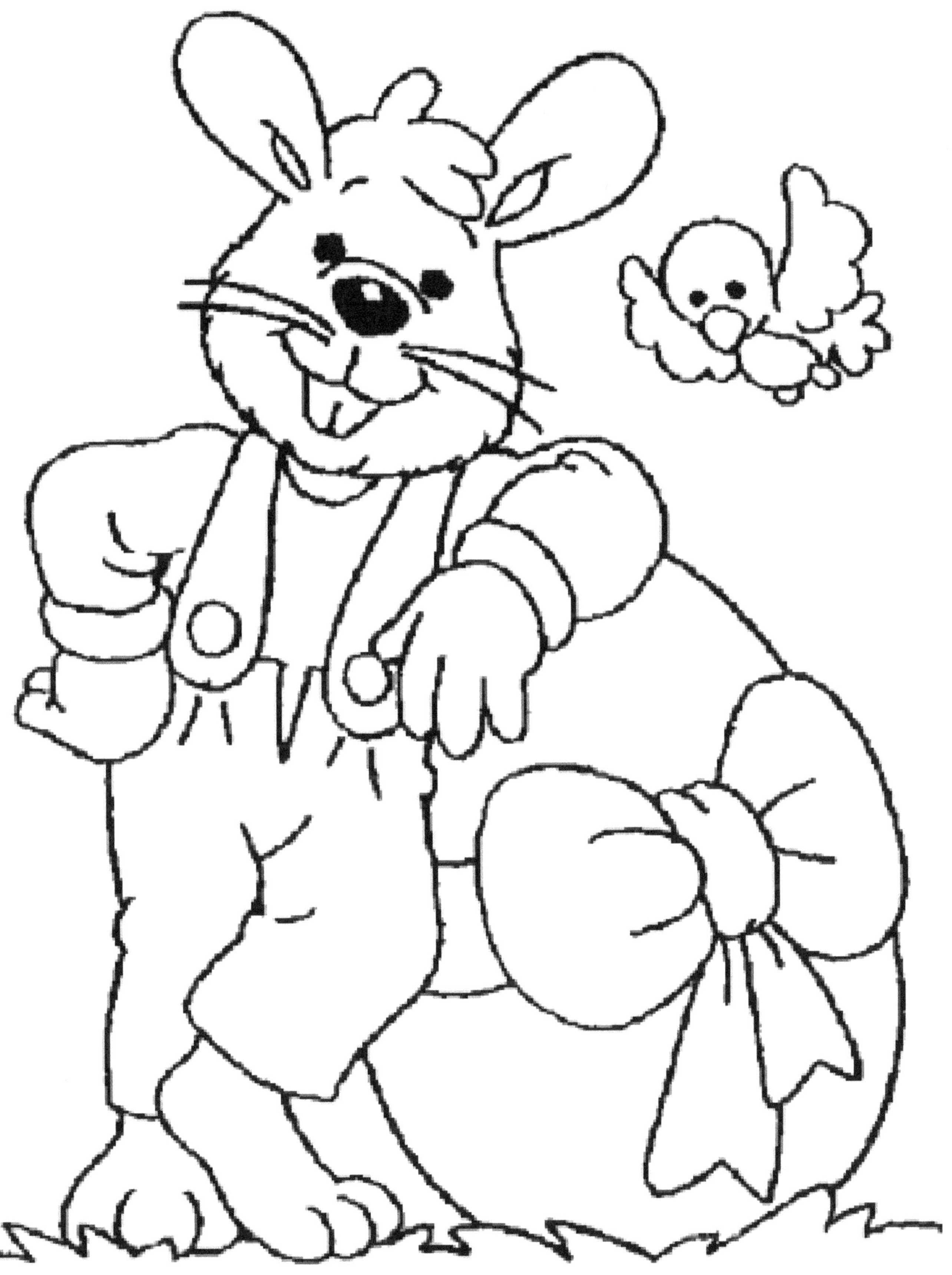

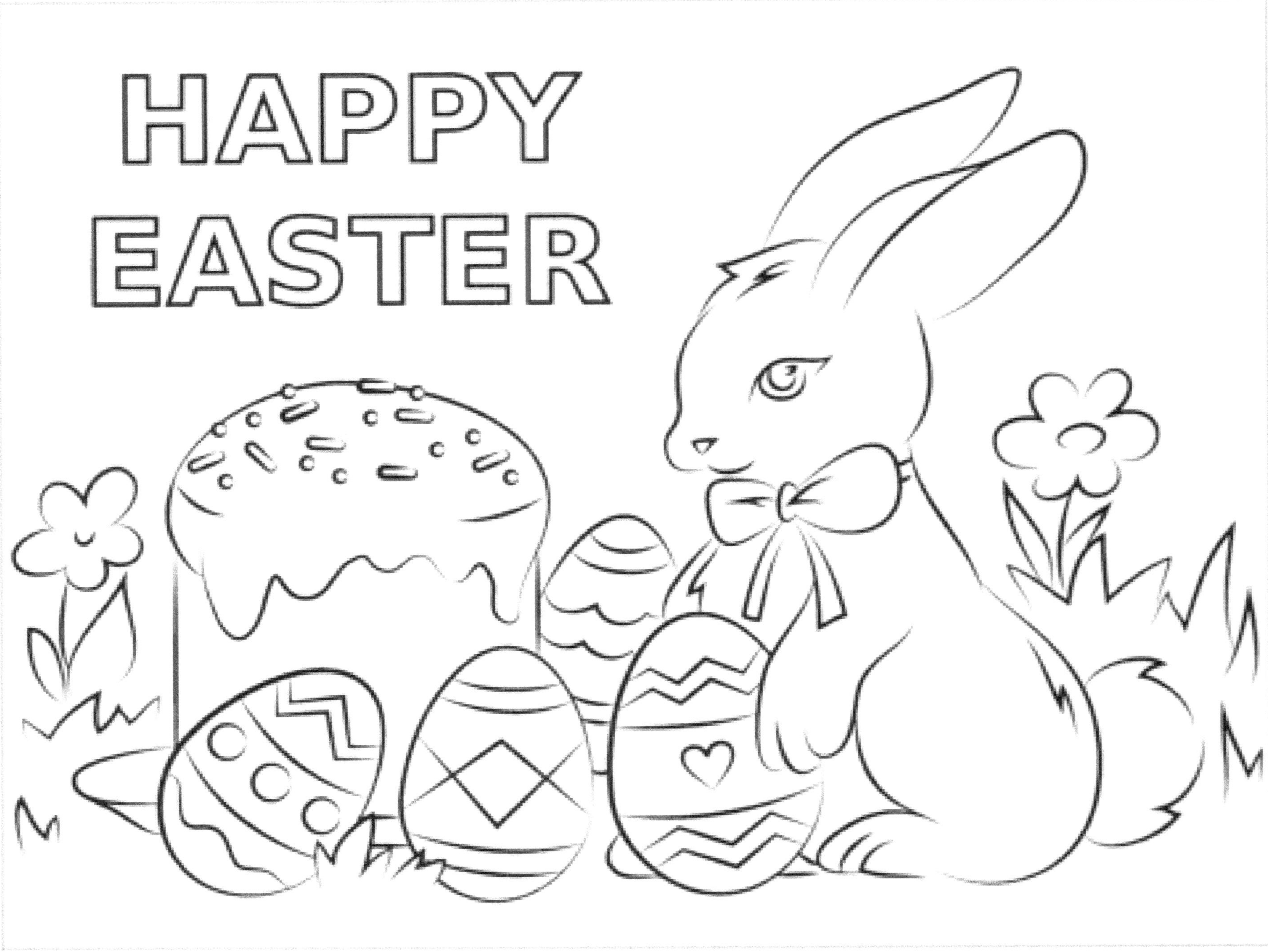

HAPPY EASTER

Happy Easter!

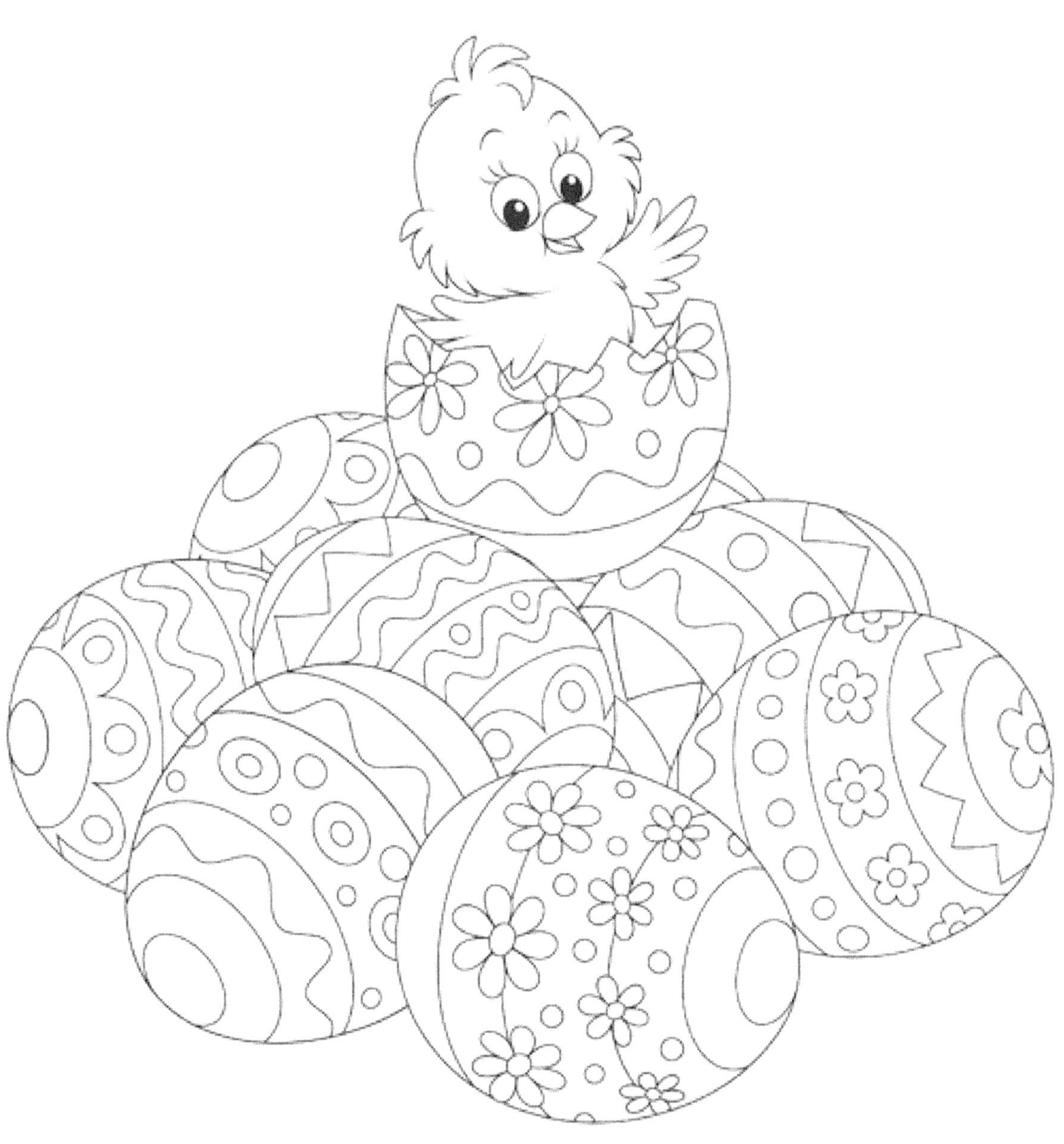

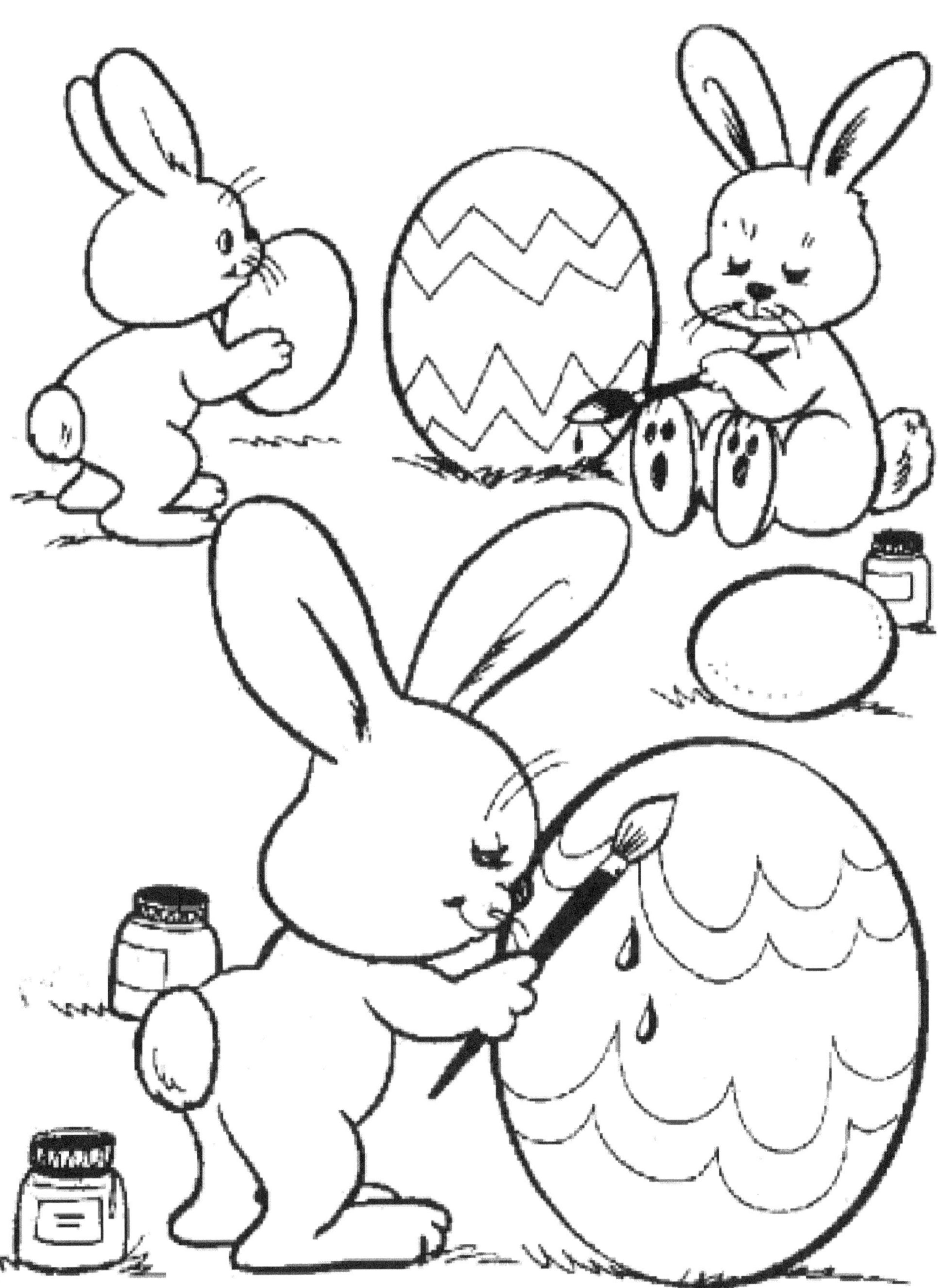

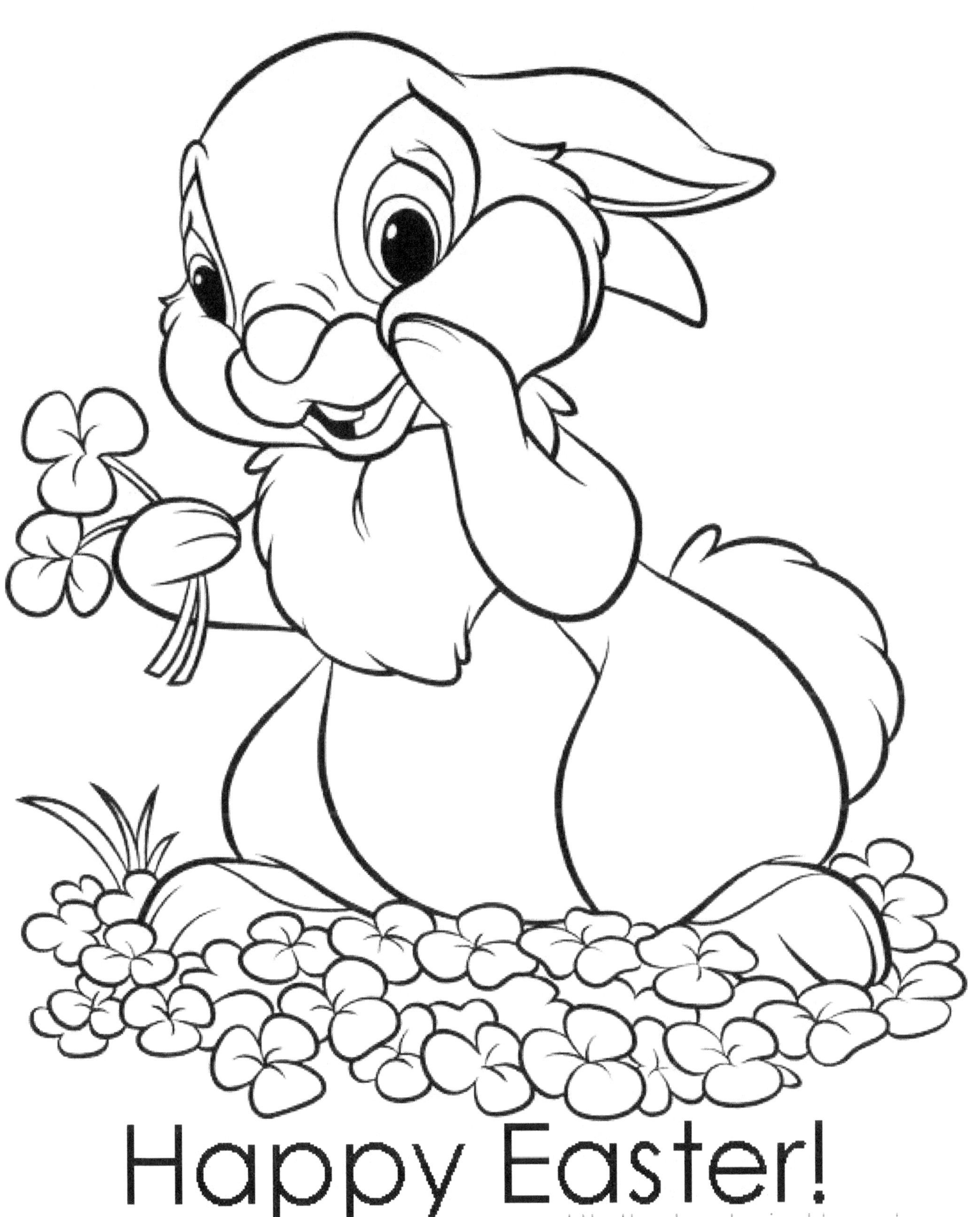

Happy Easter!

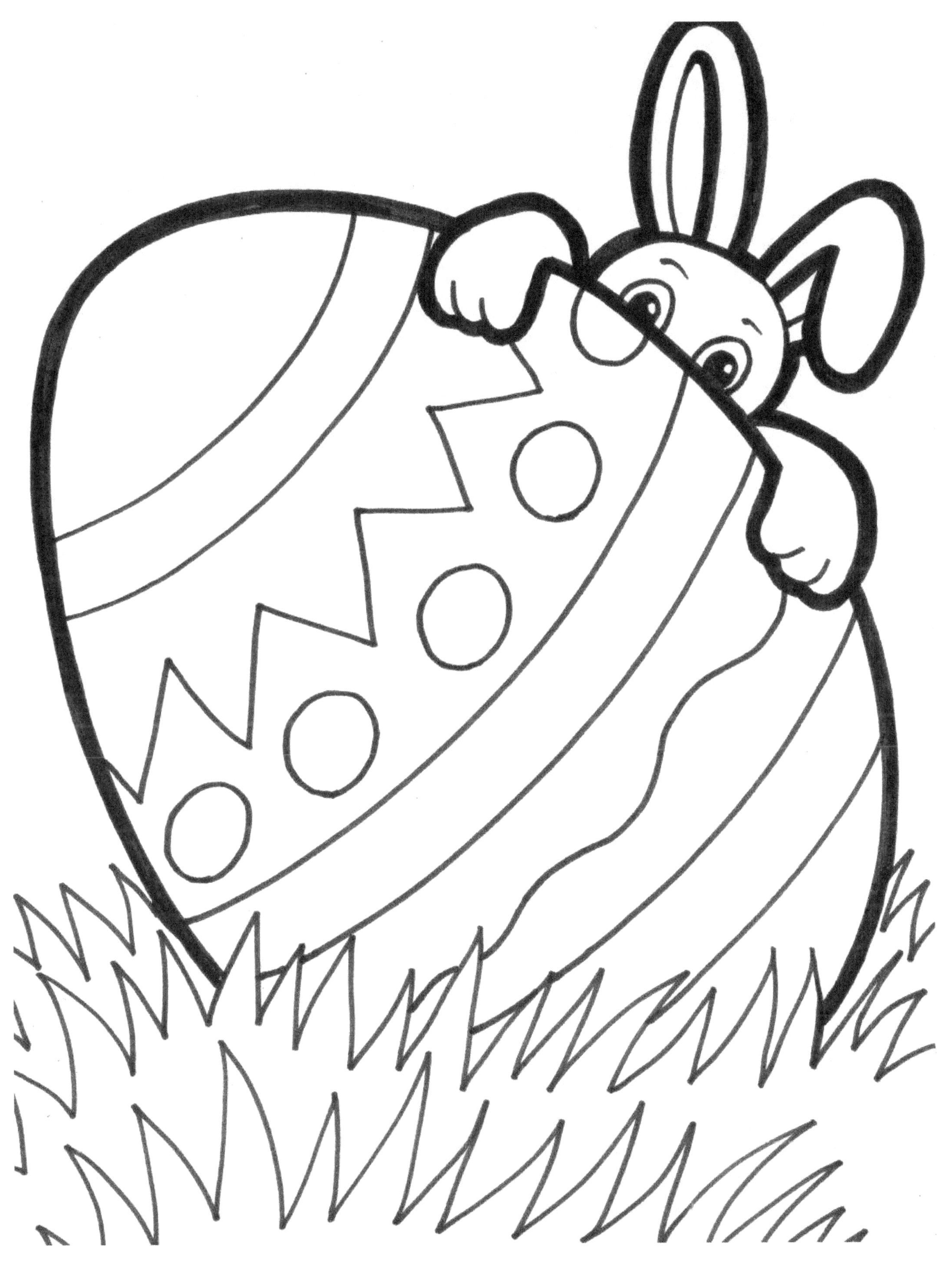

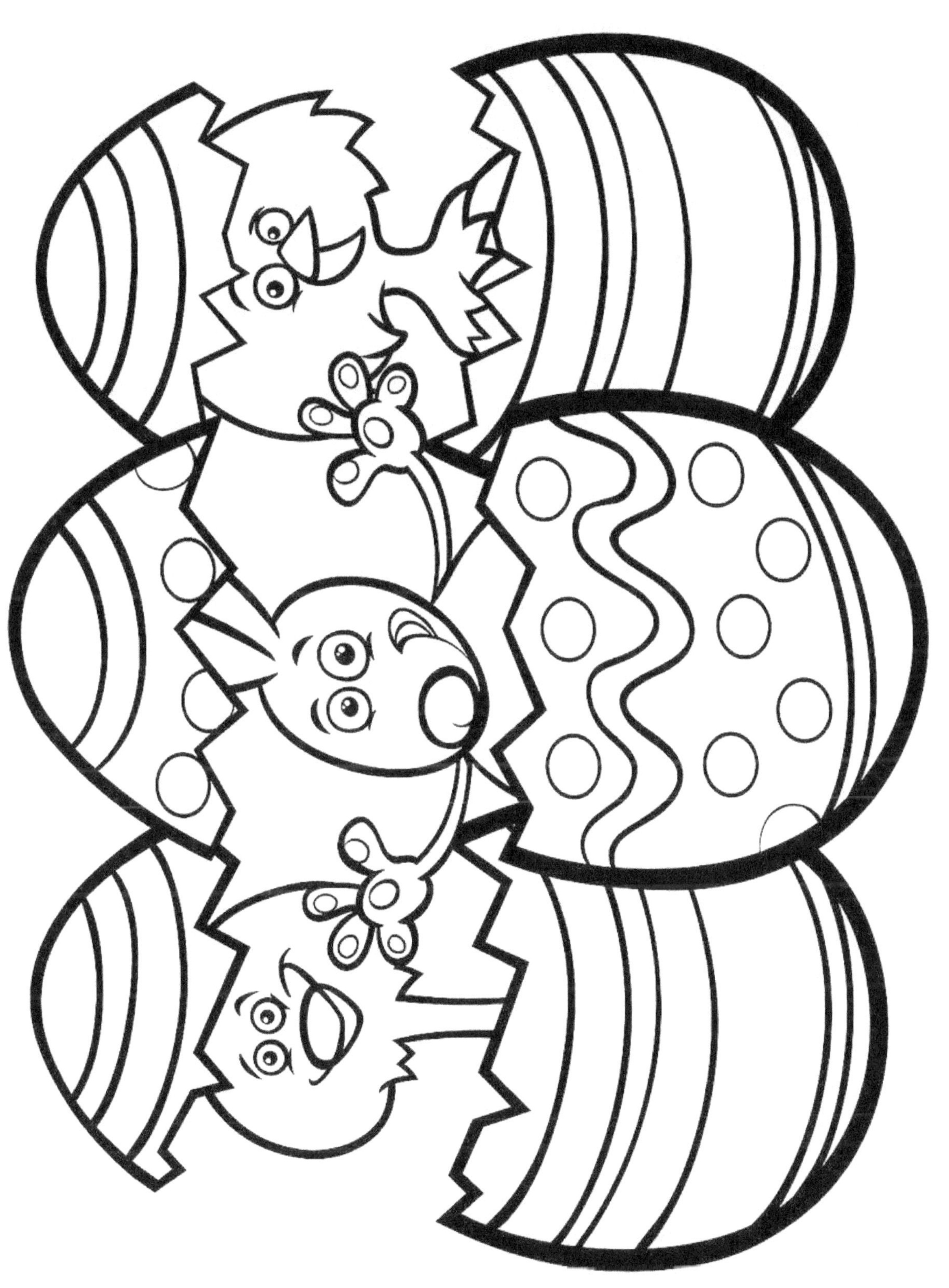

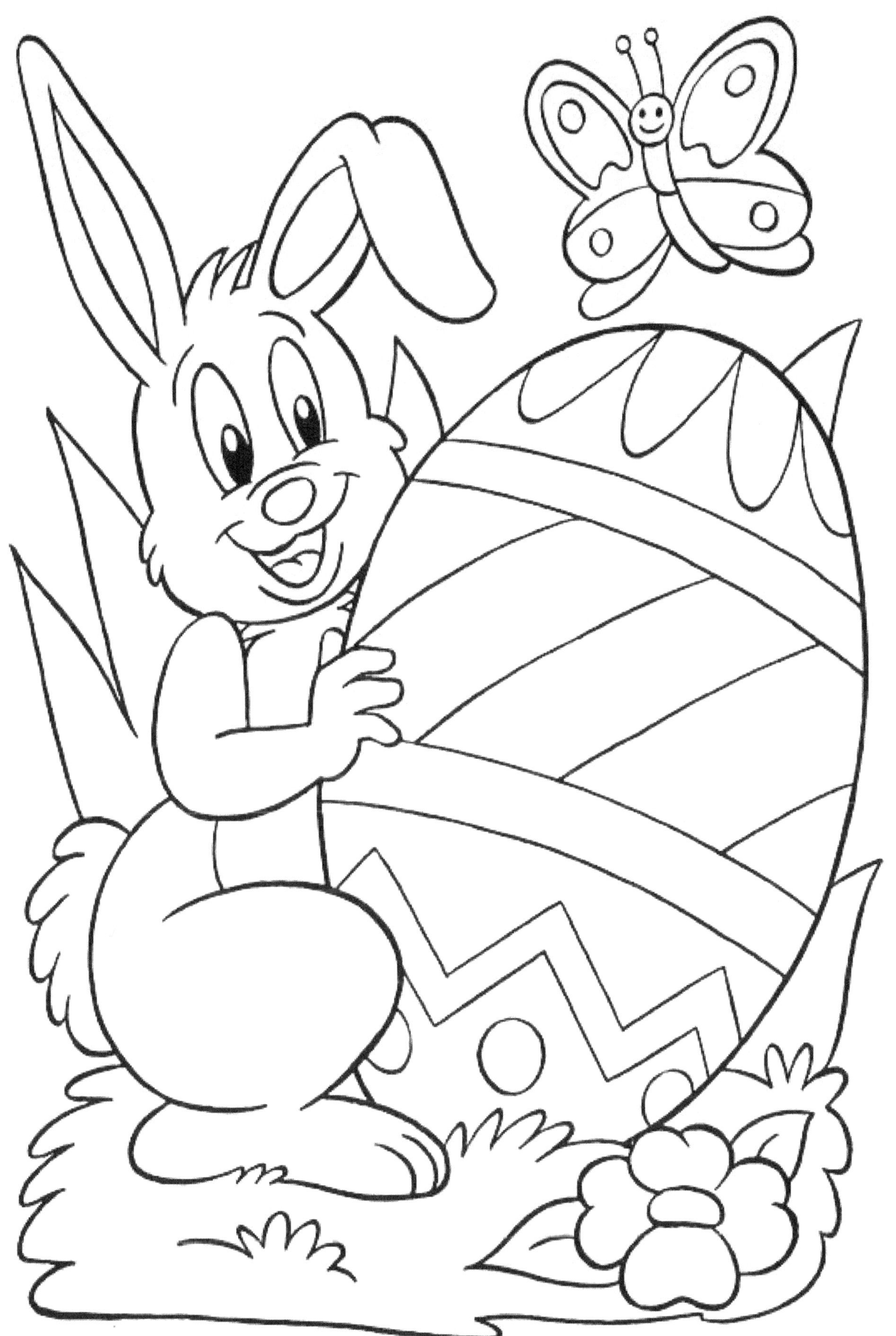

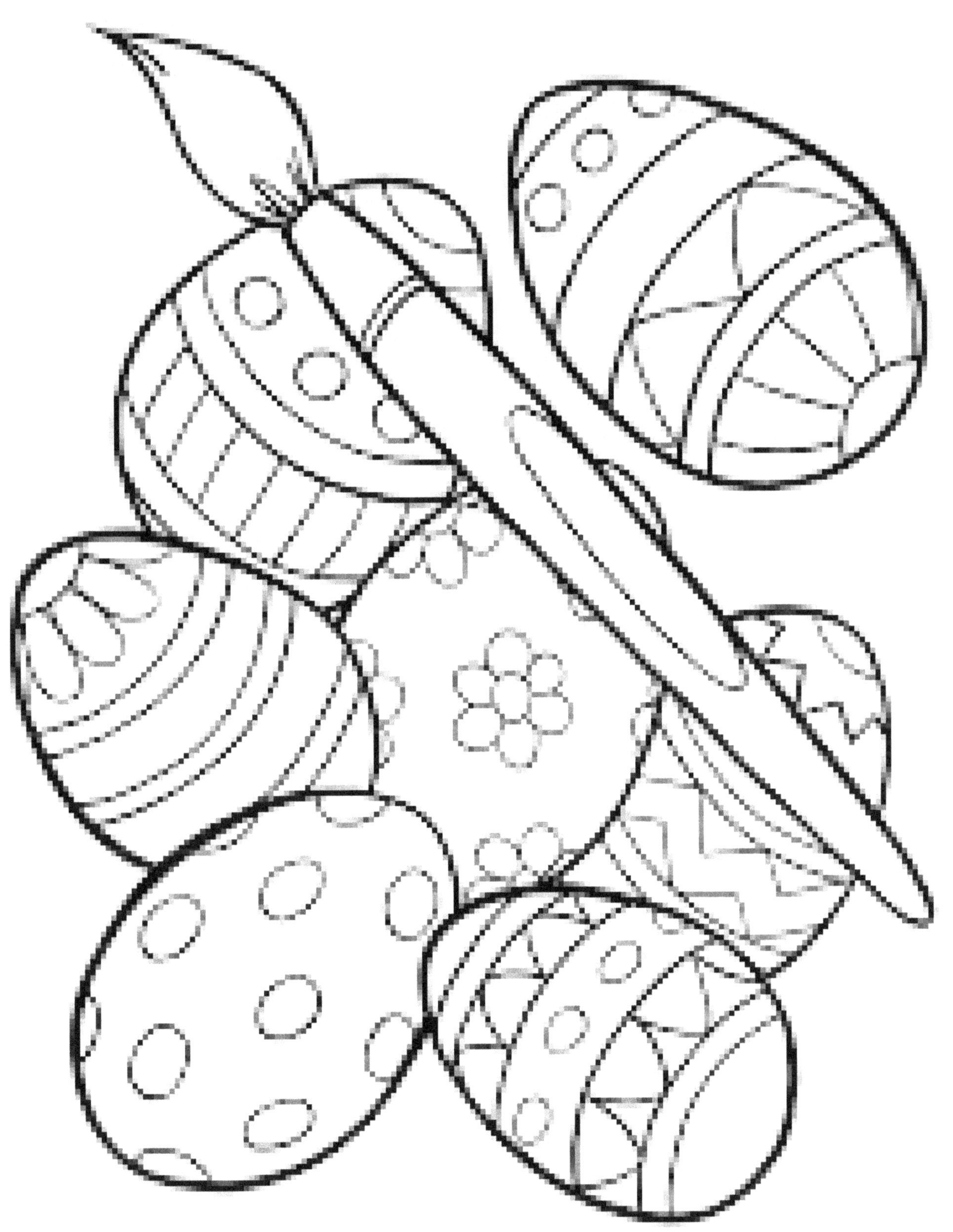

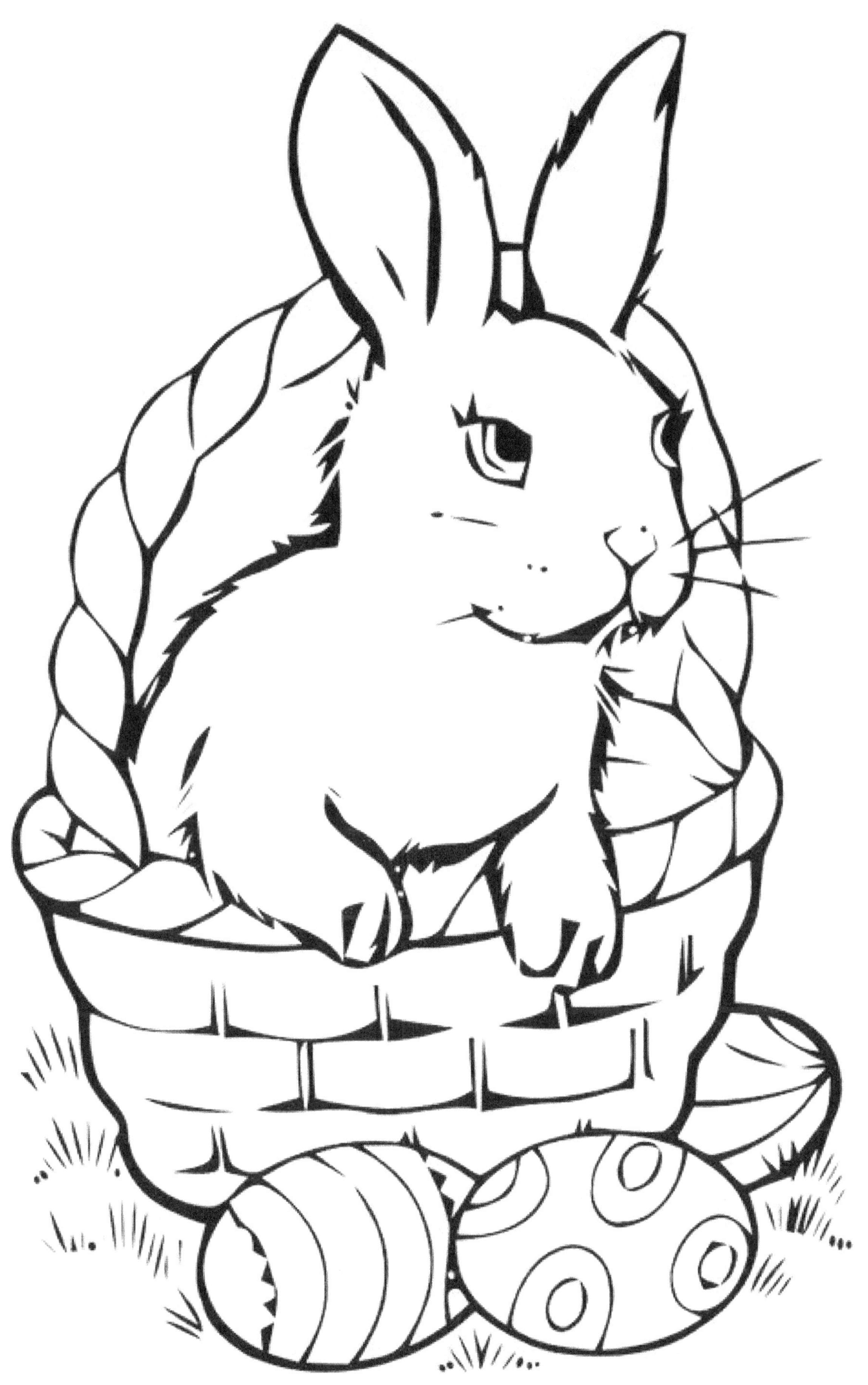

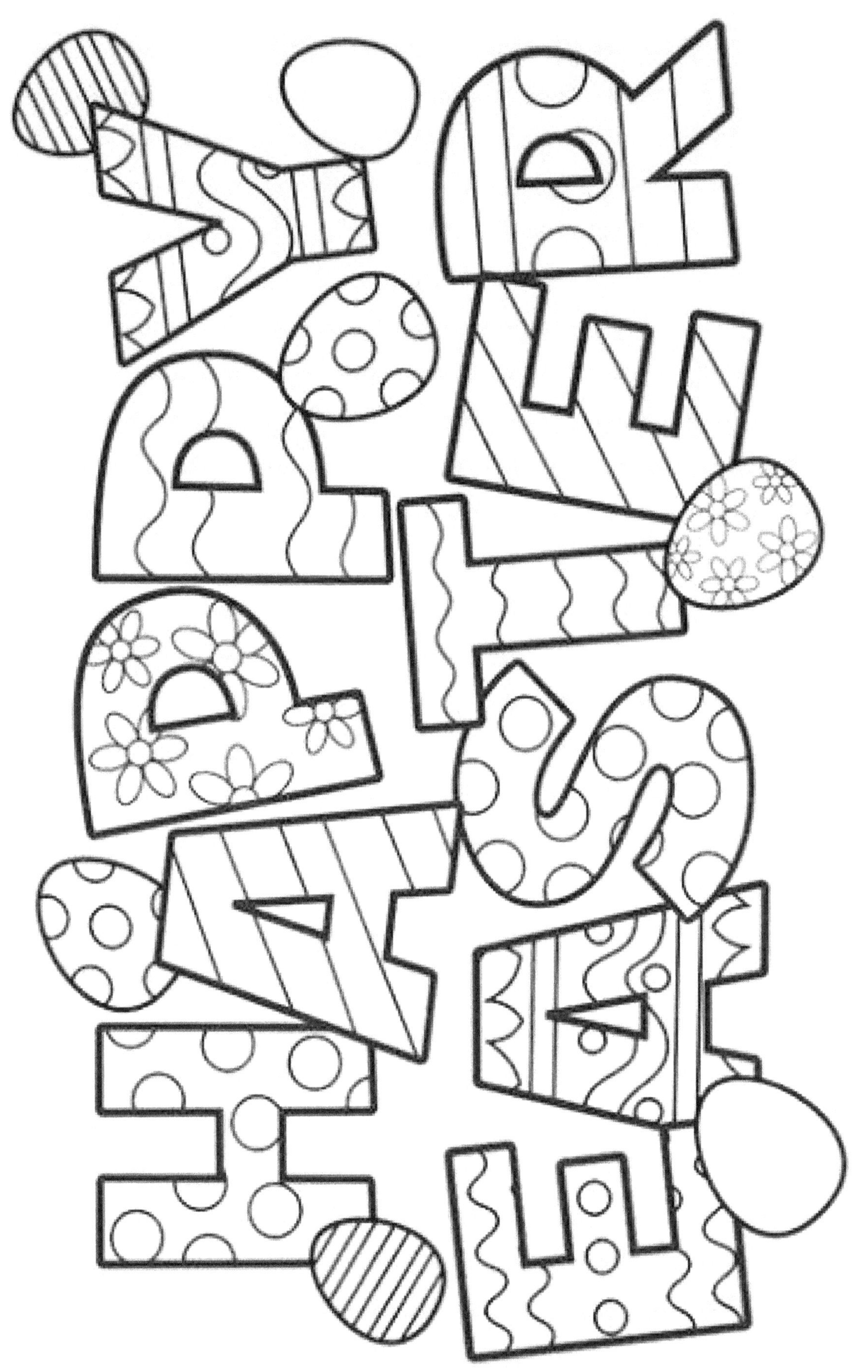

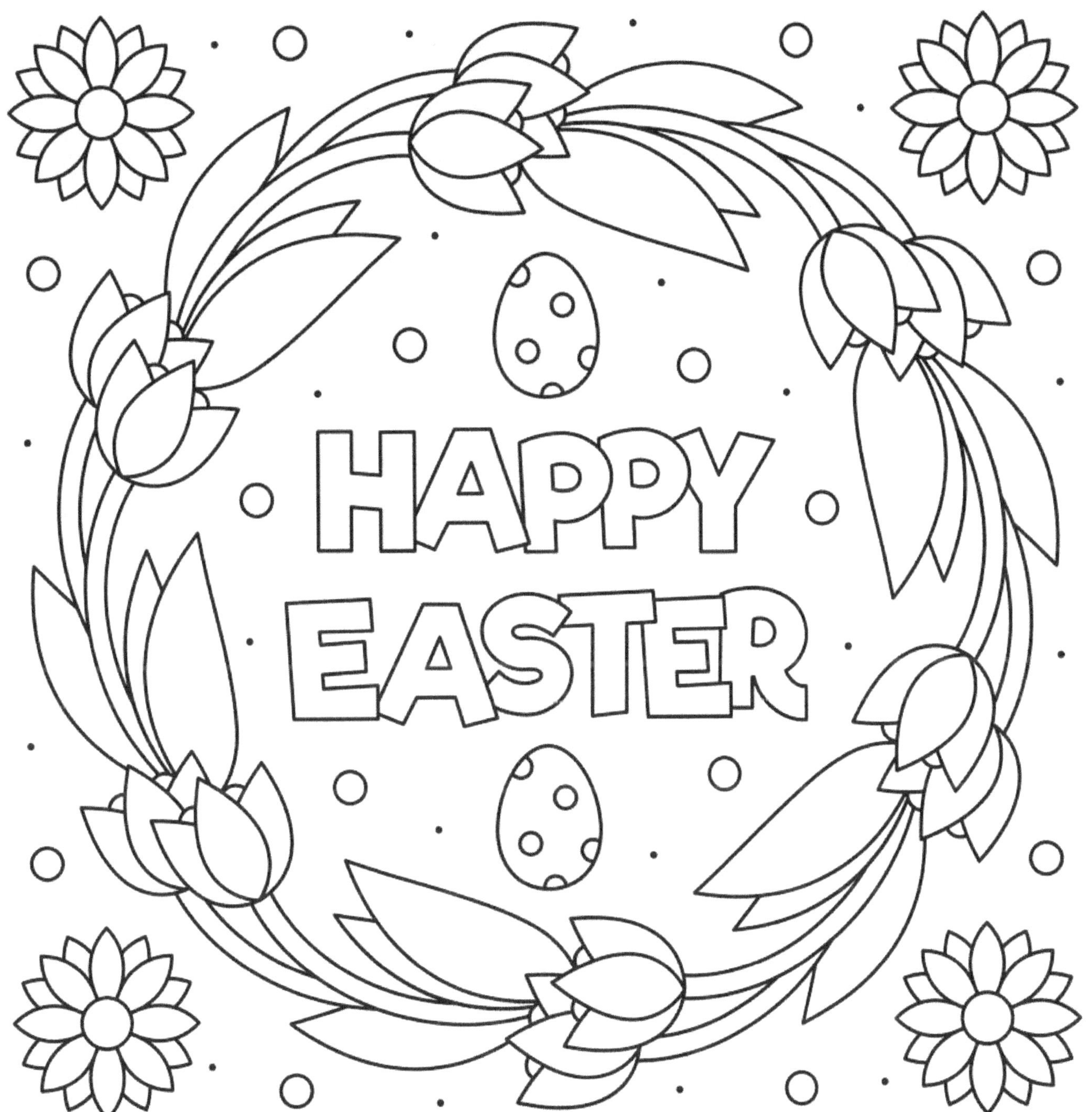

HAPPY
EASTER

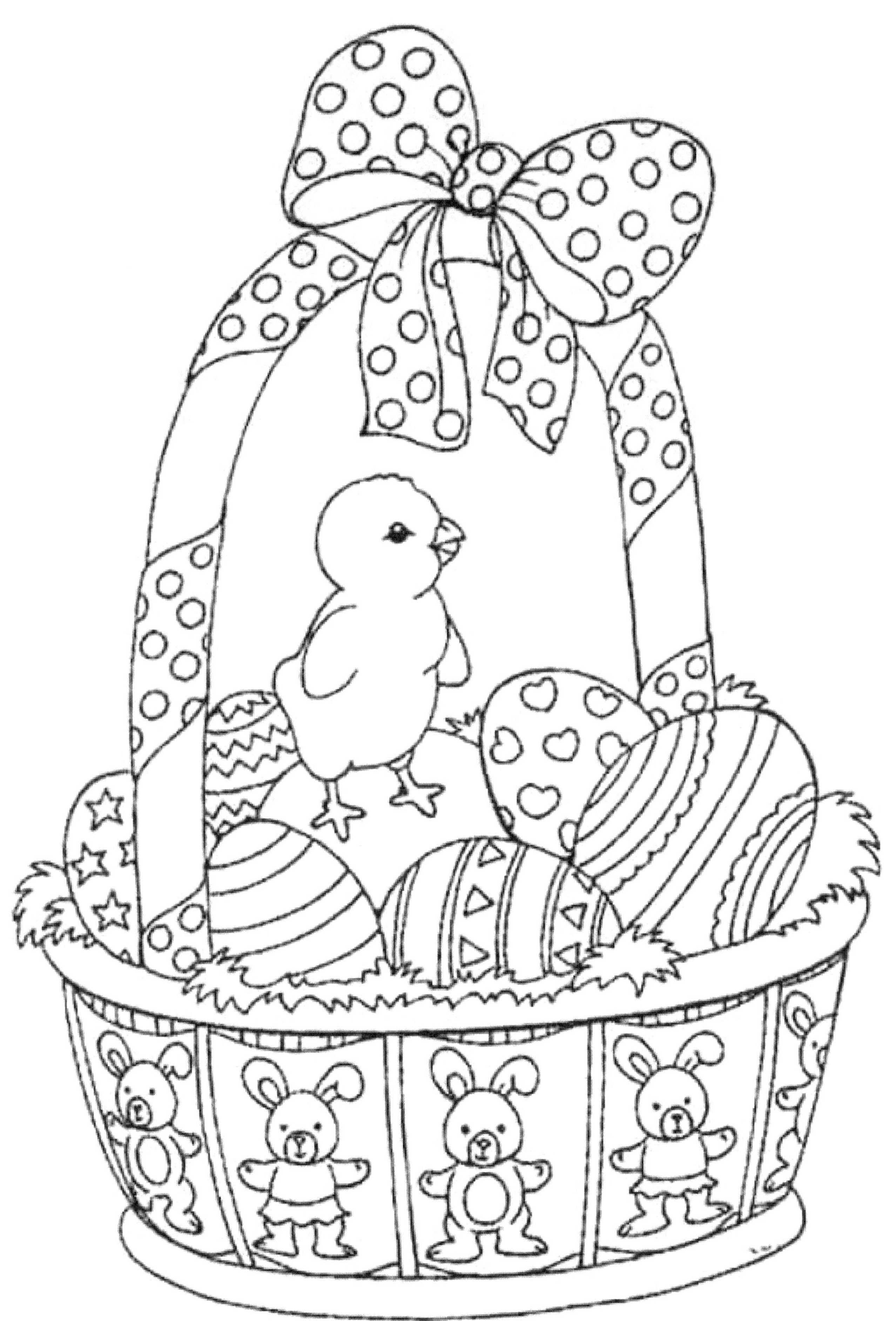

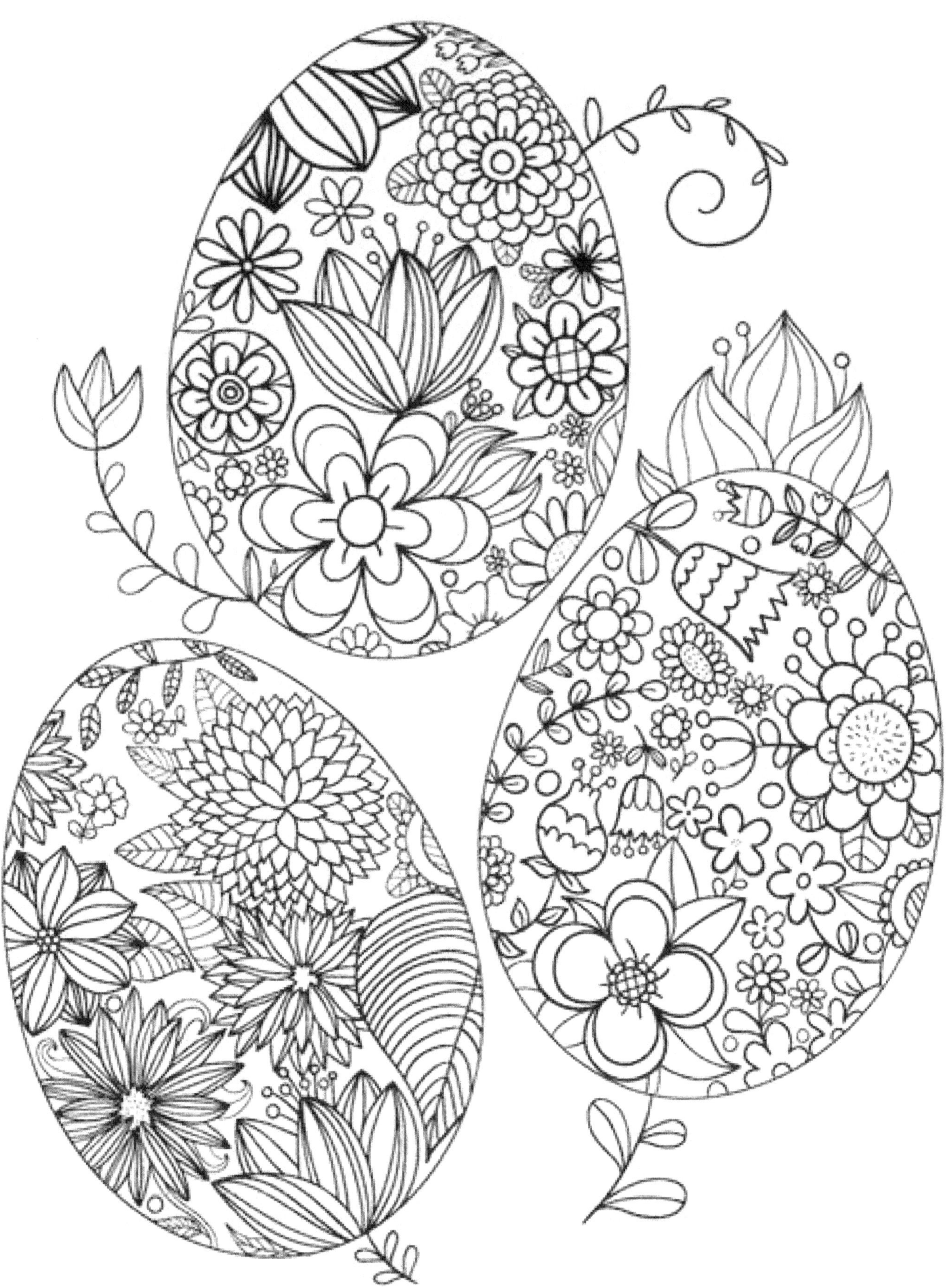

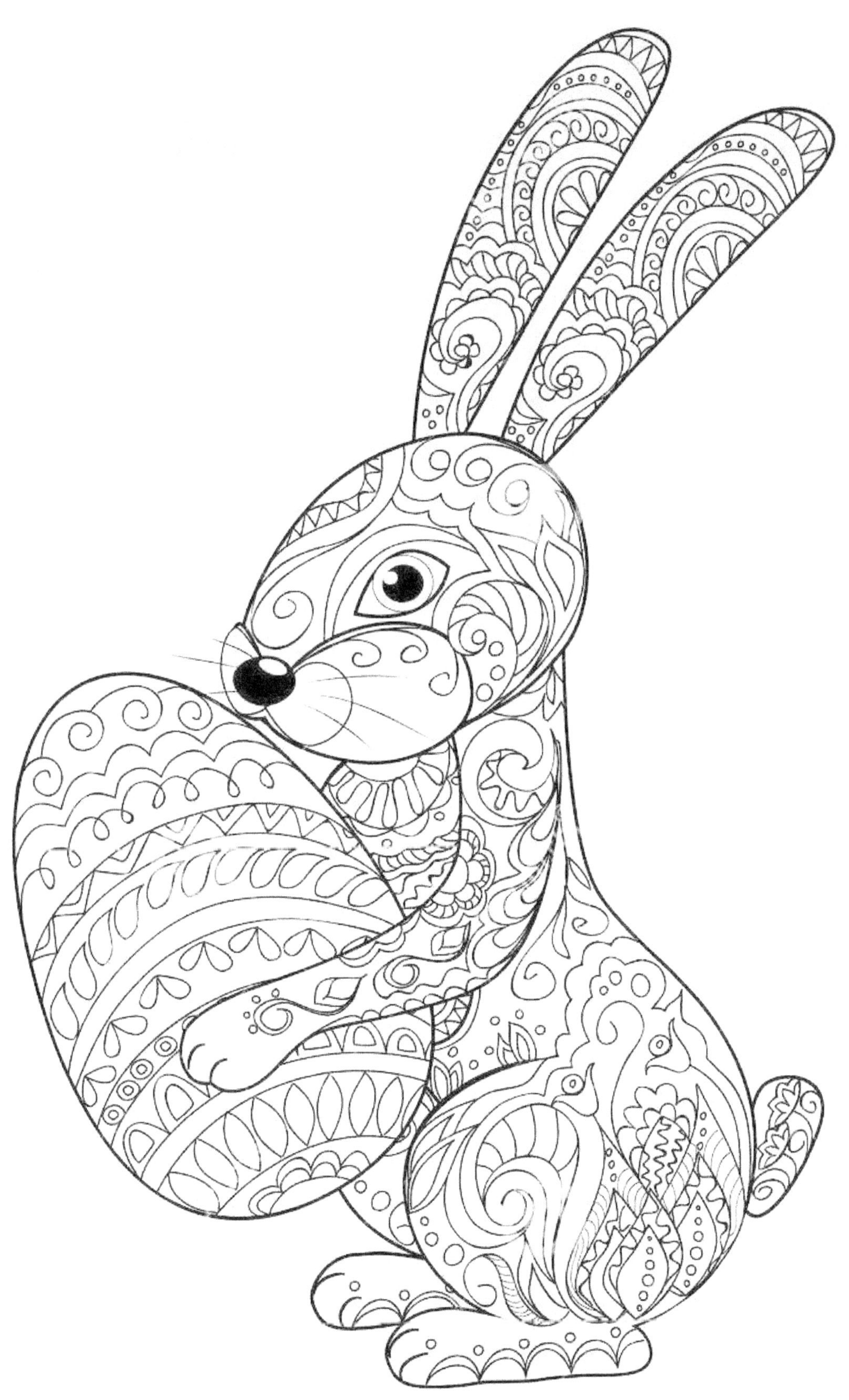

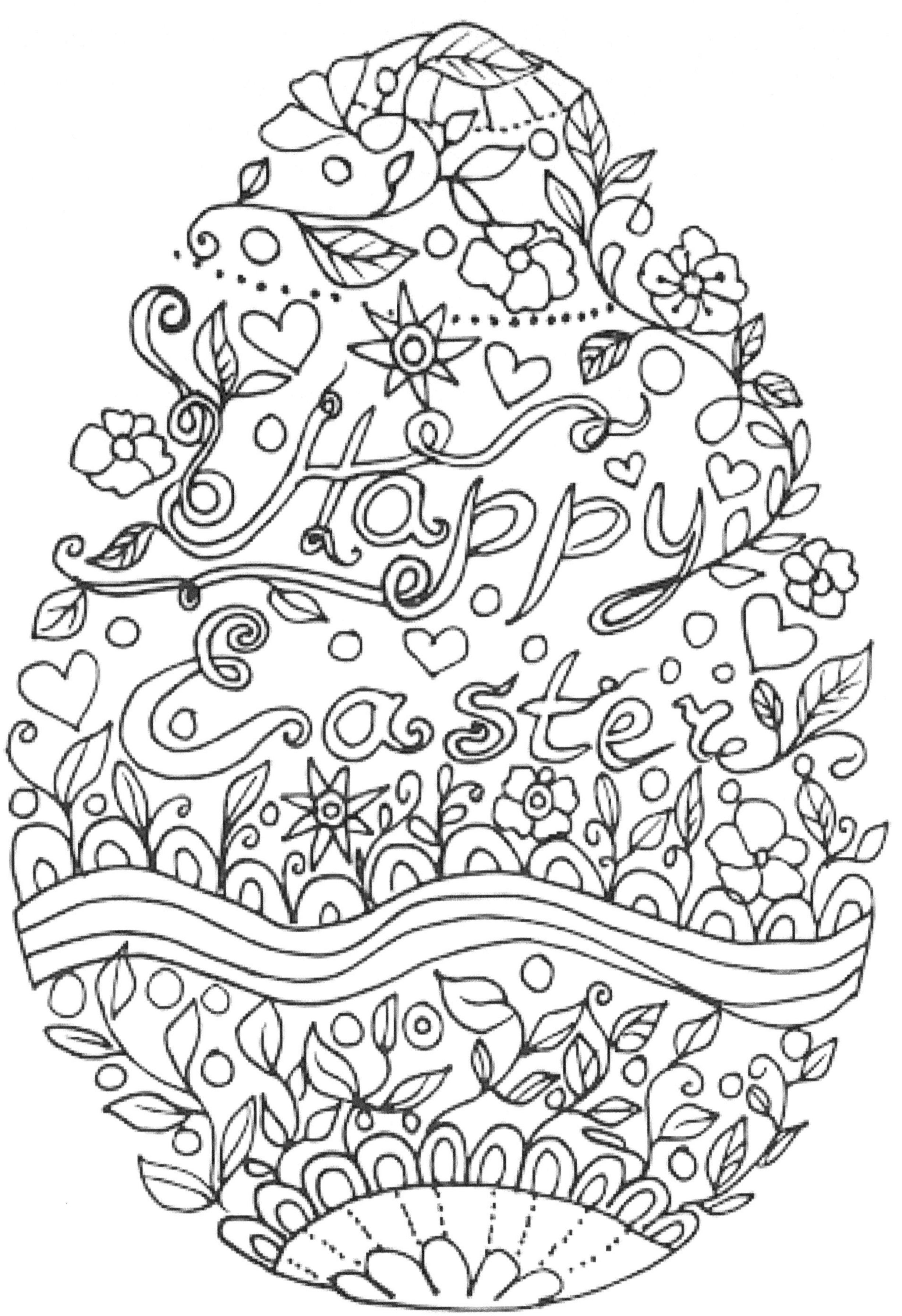

Happy
Easter

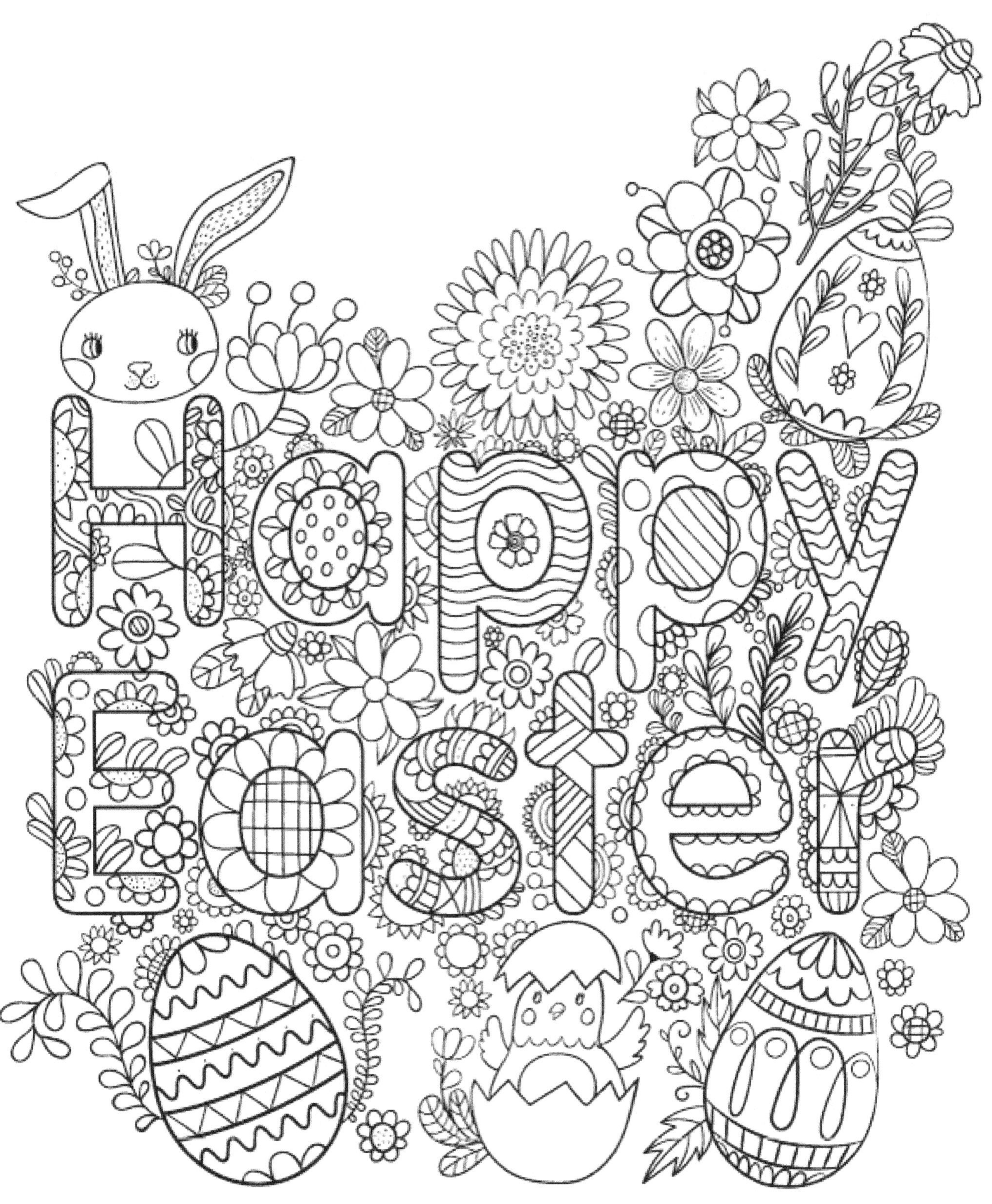

Happy Easter

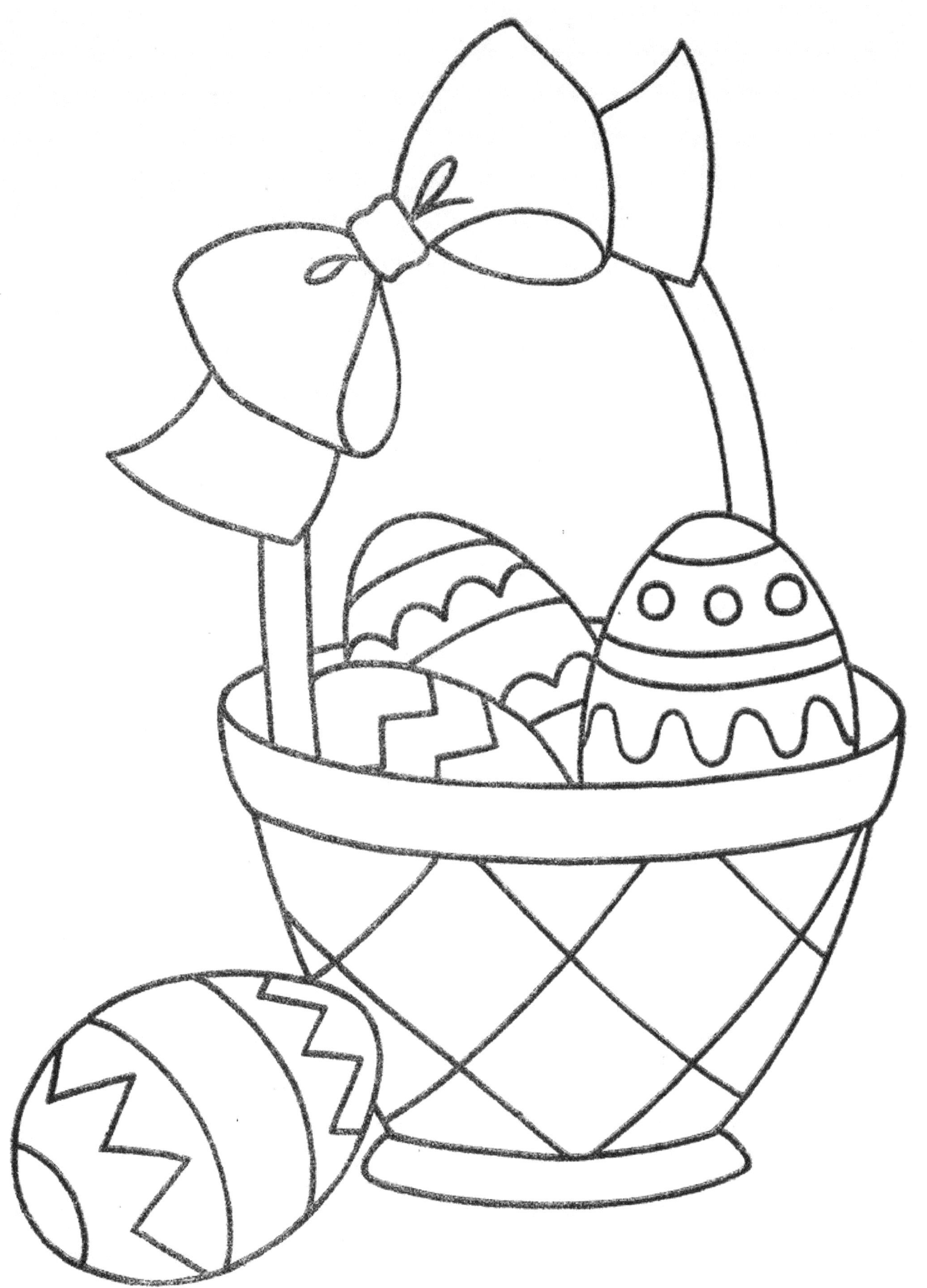

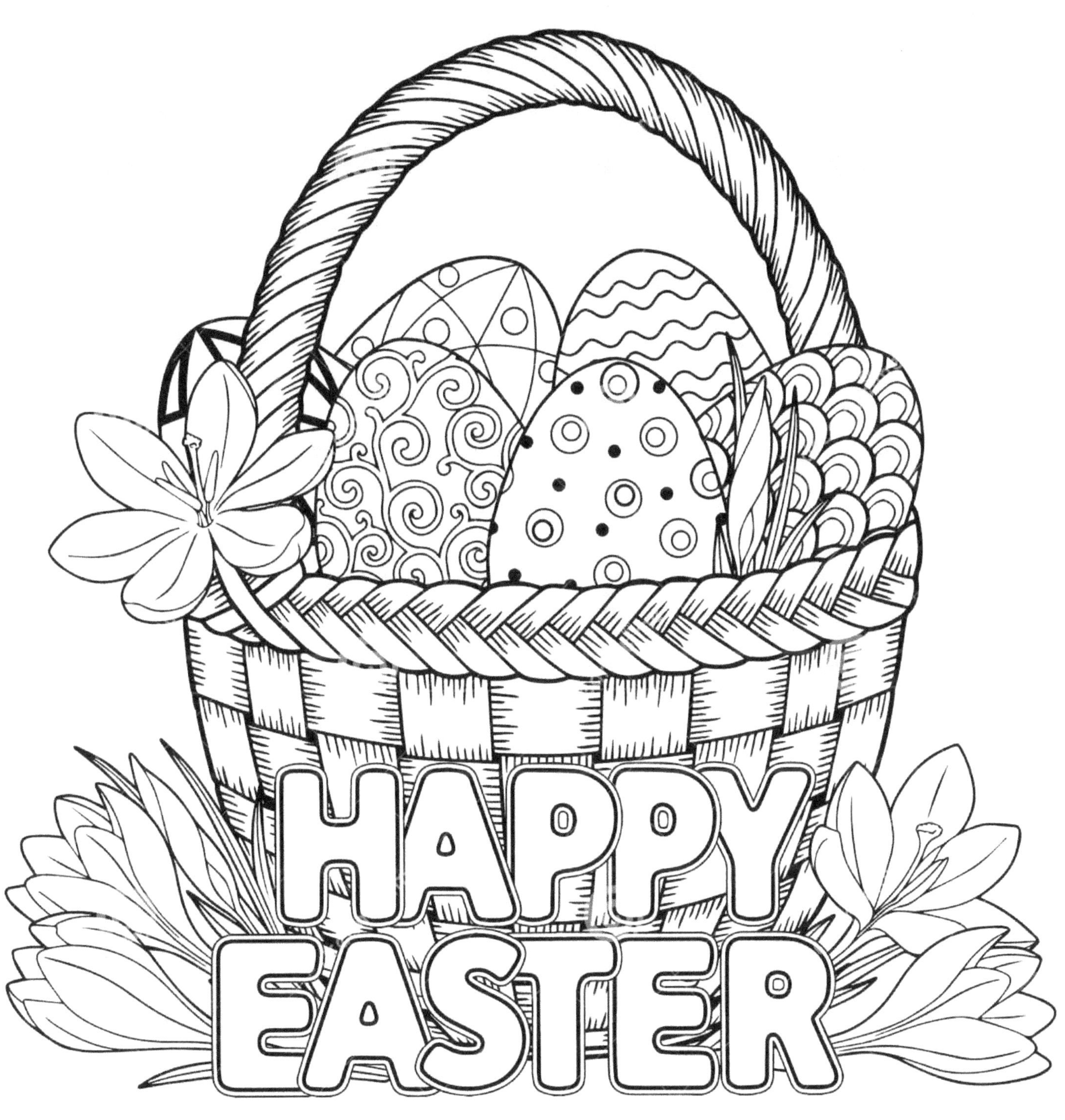
HAPPY
EASTER

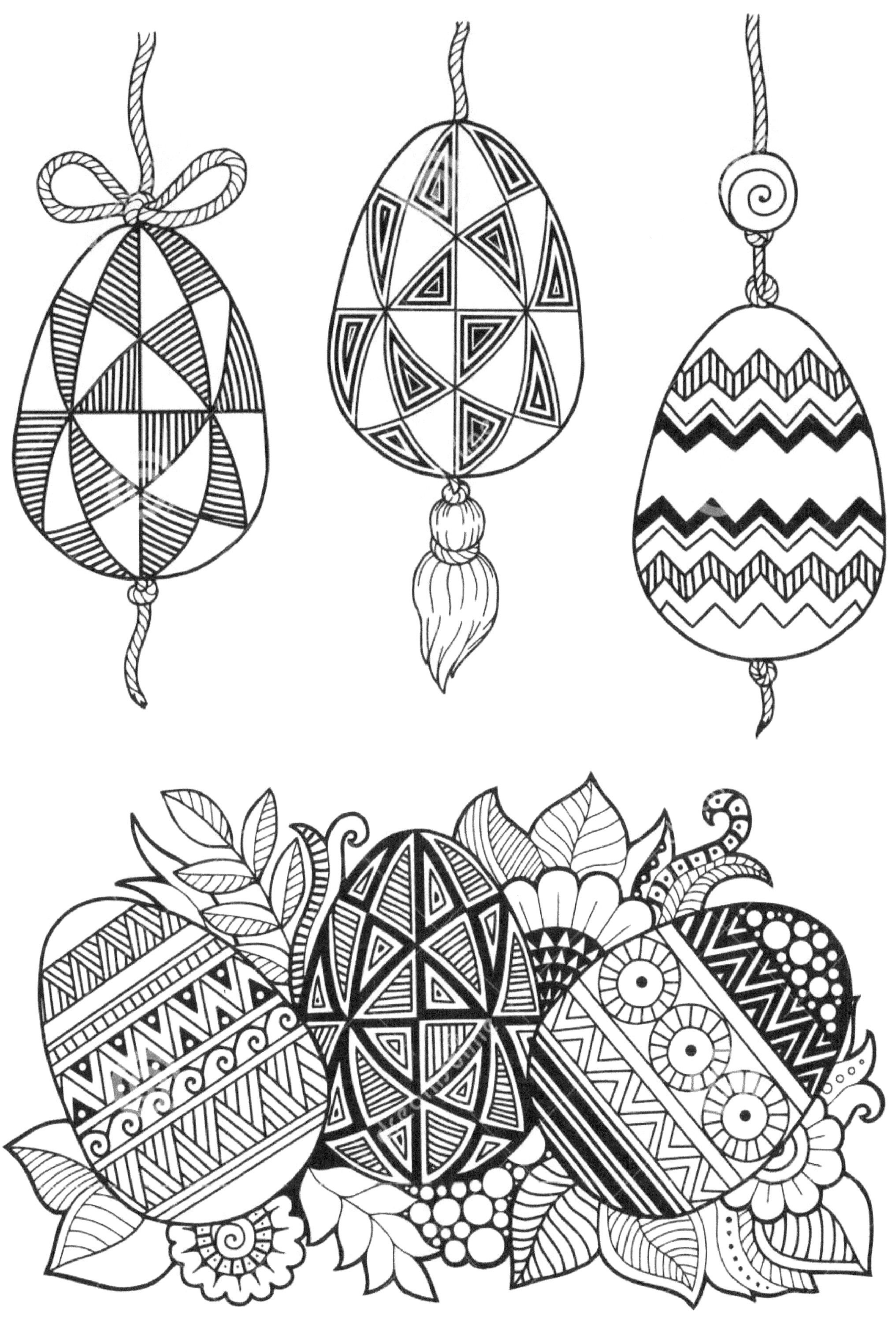

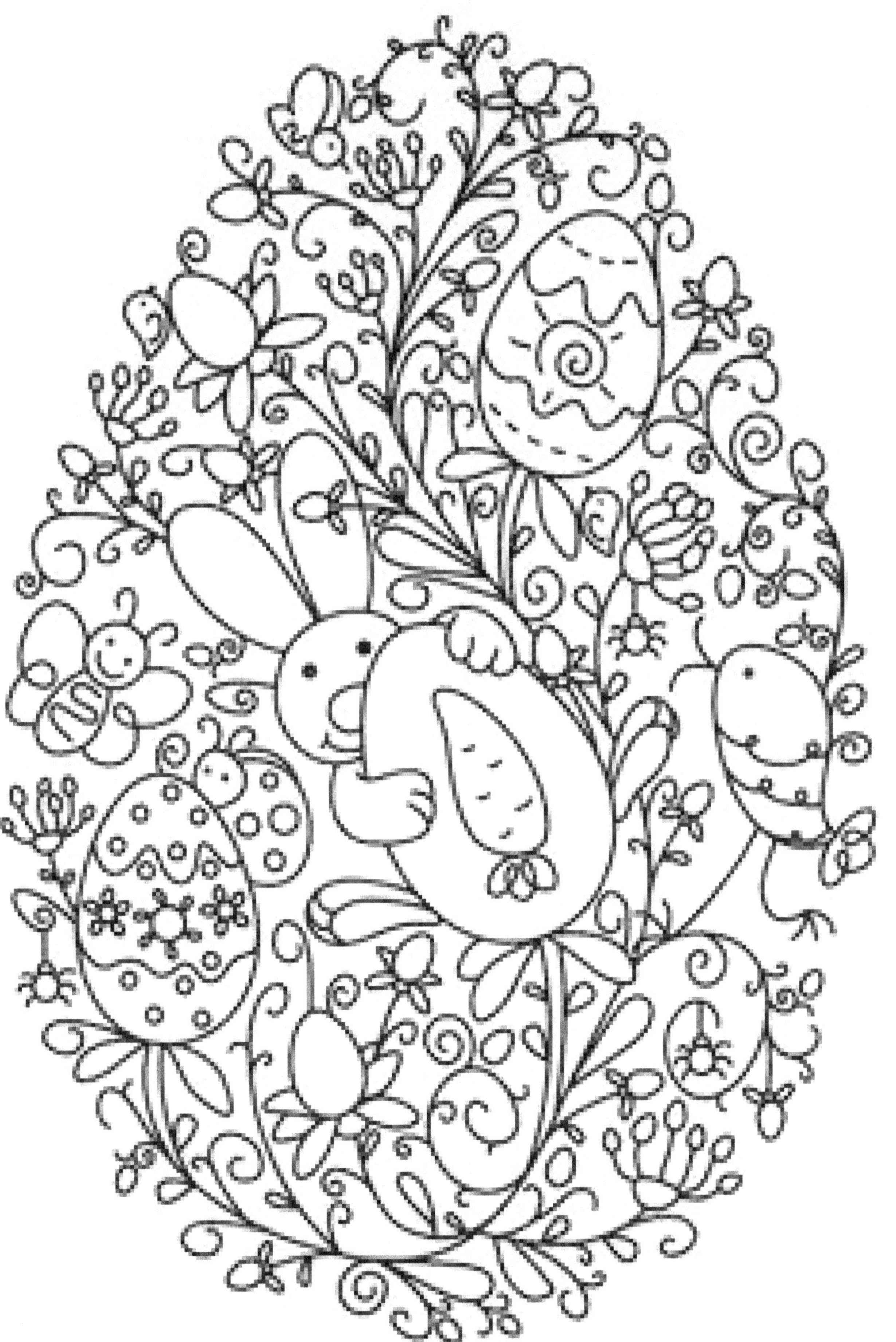

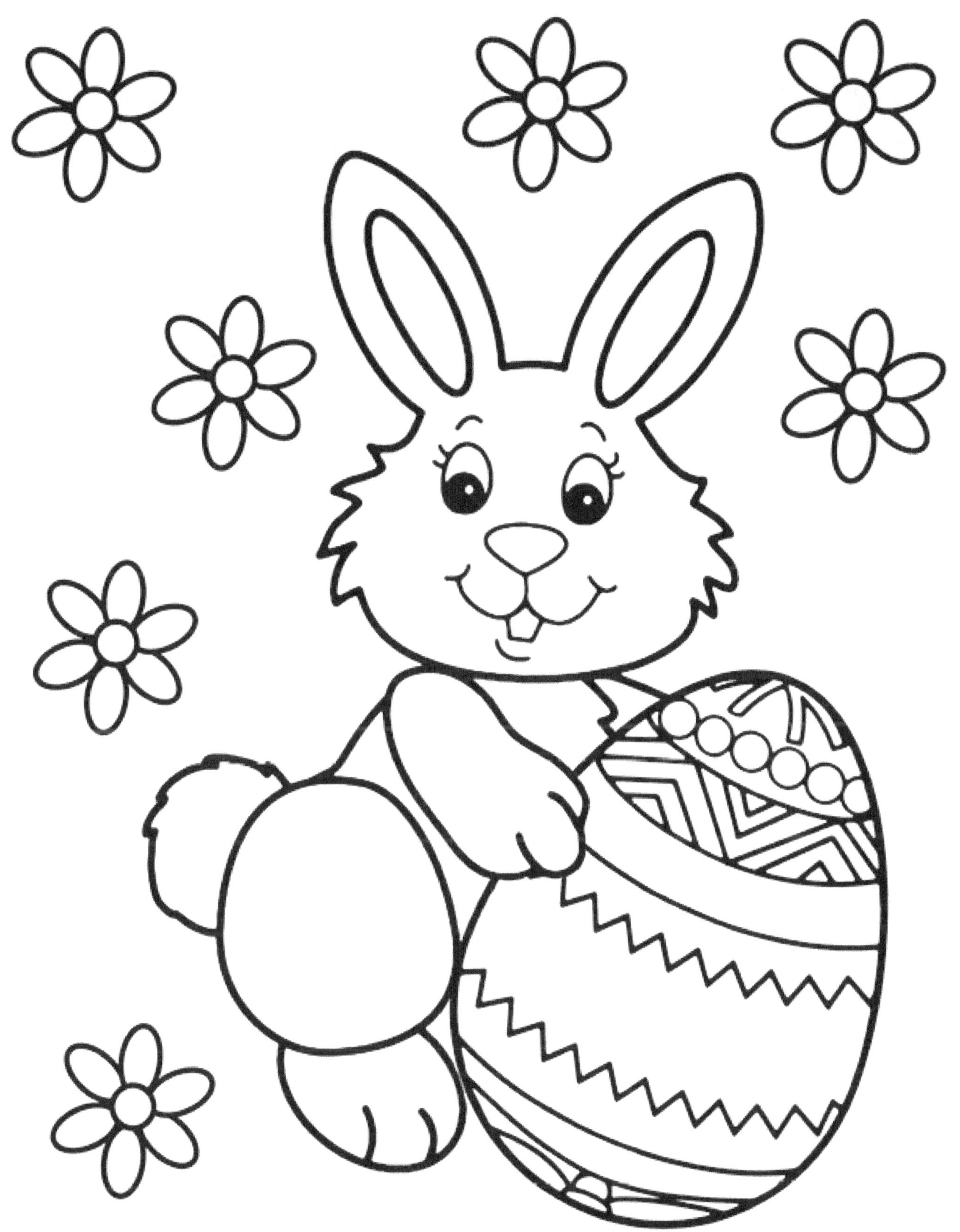

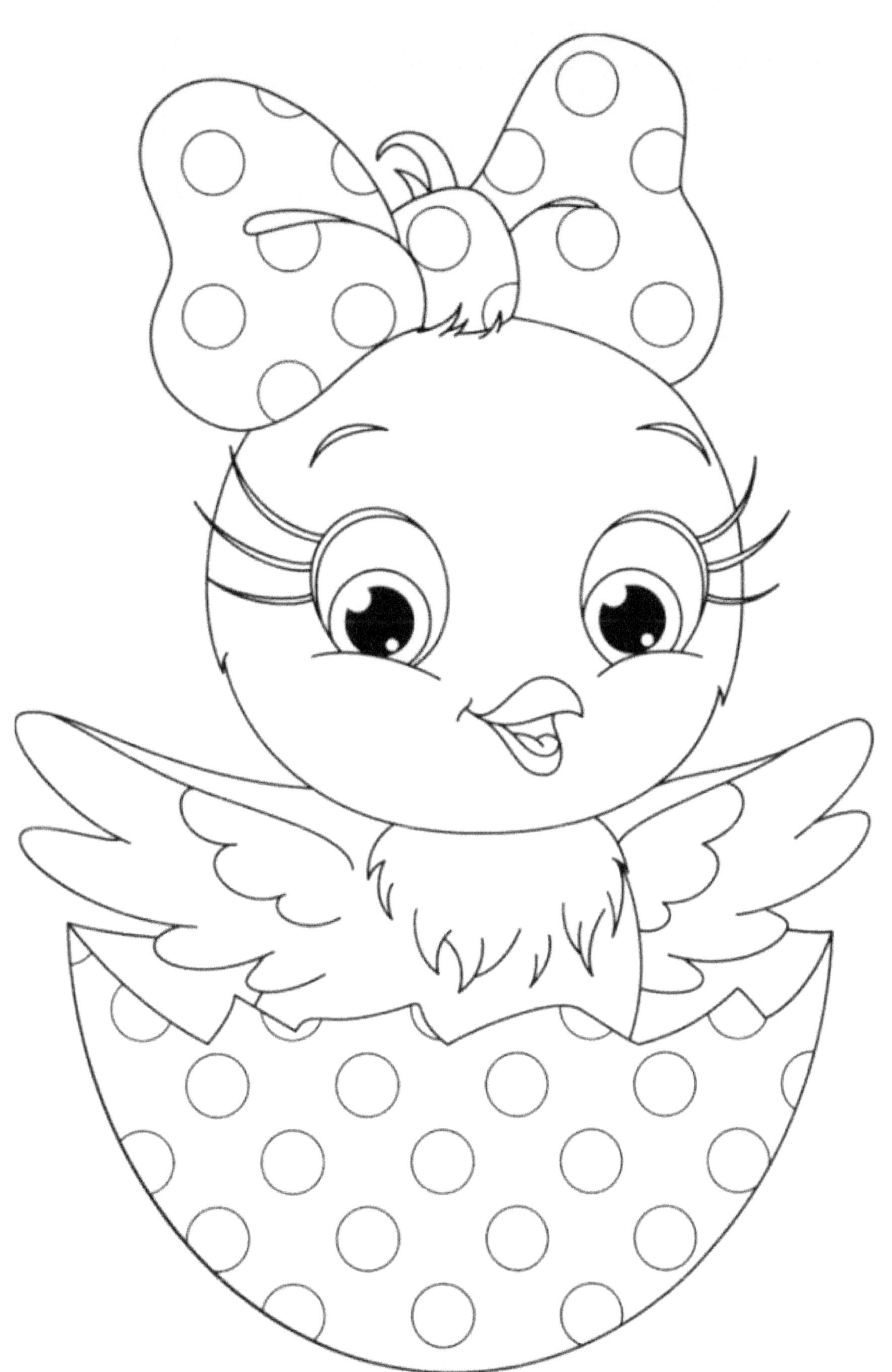

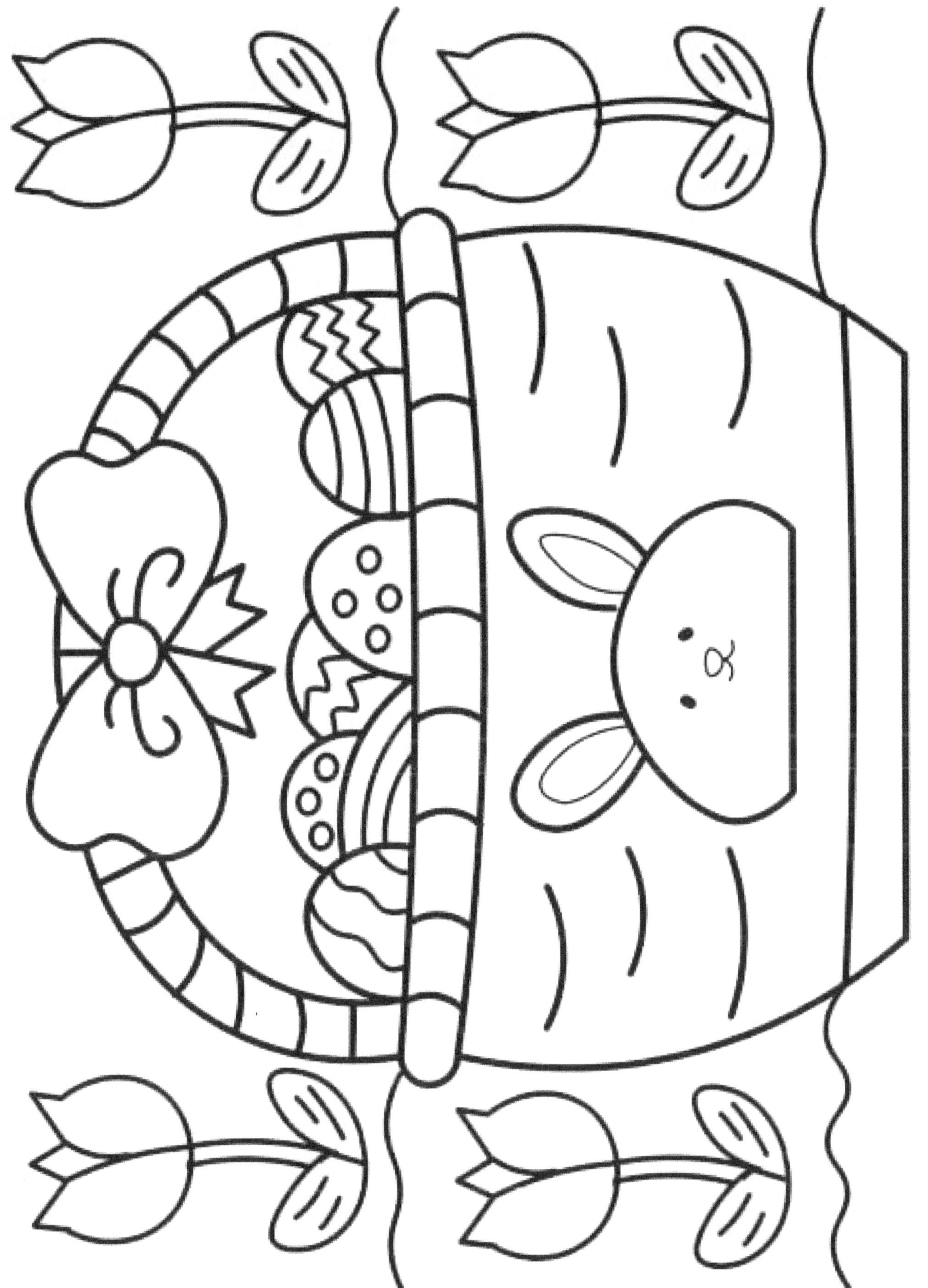

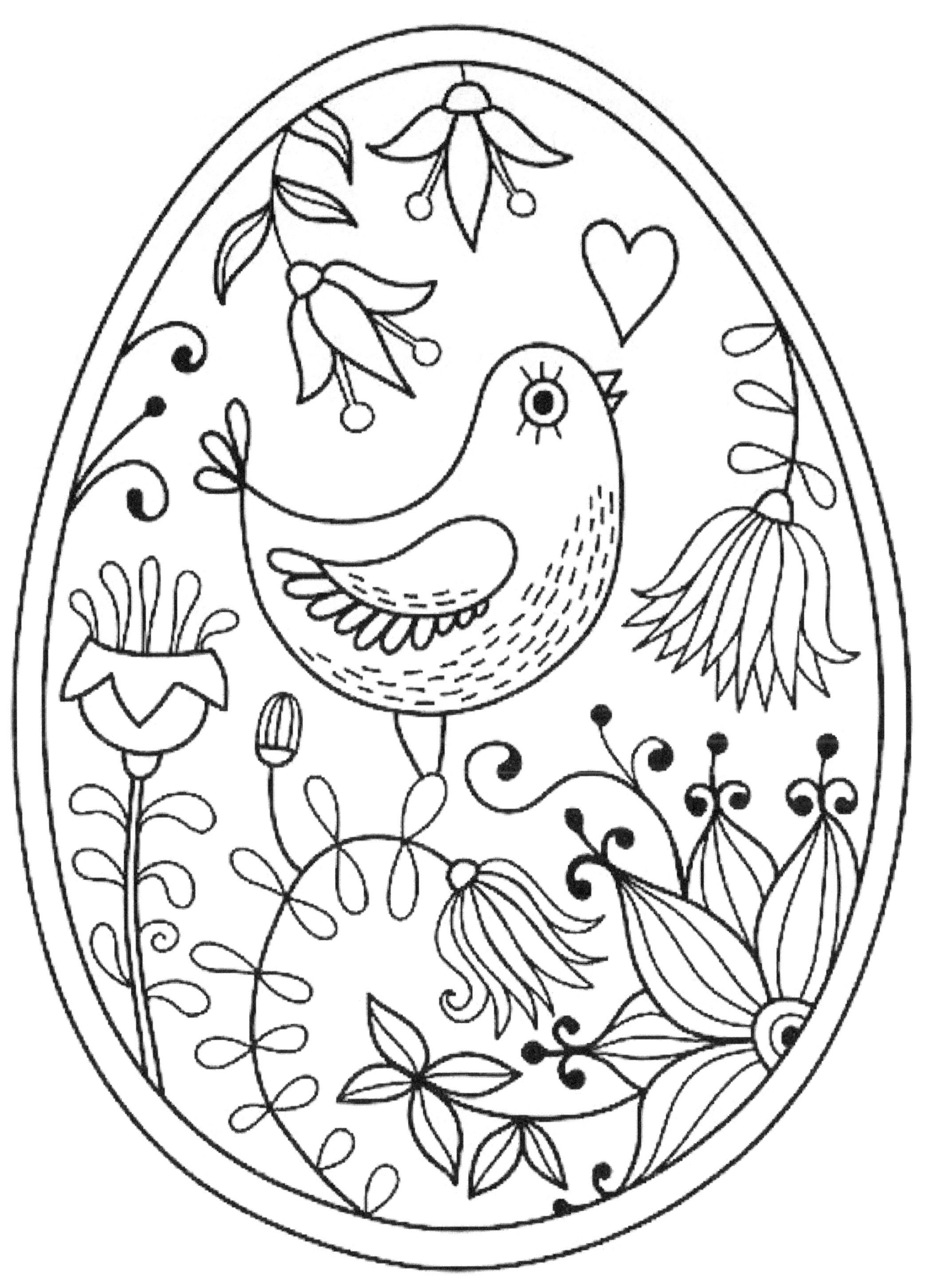

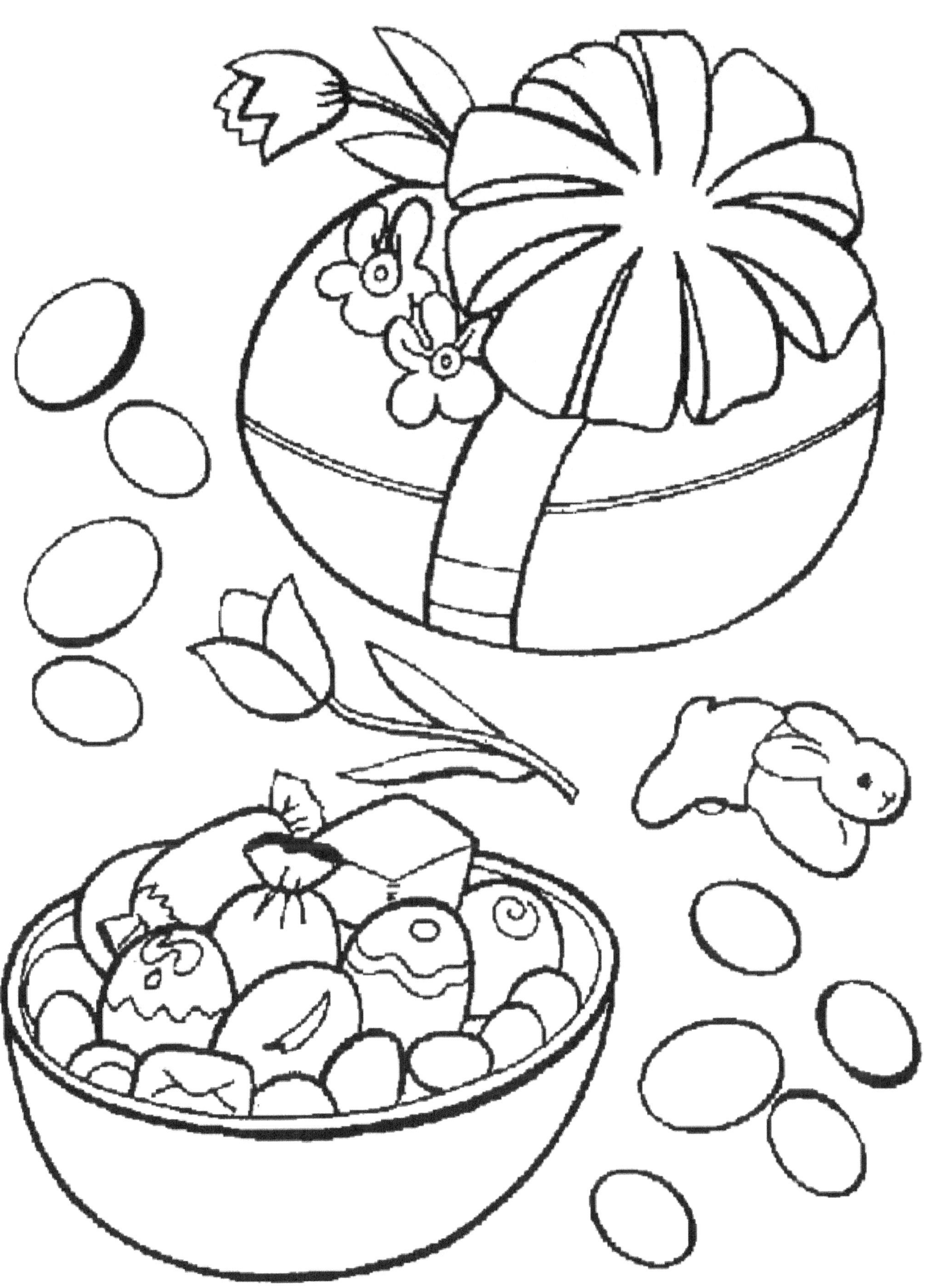

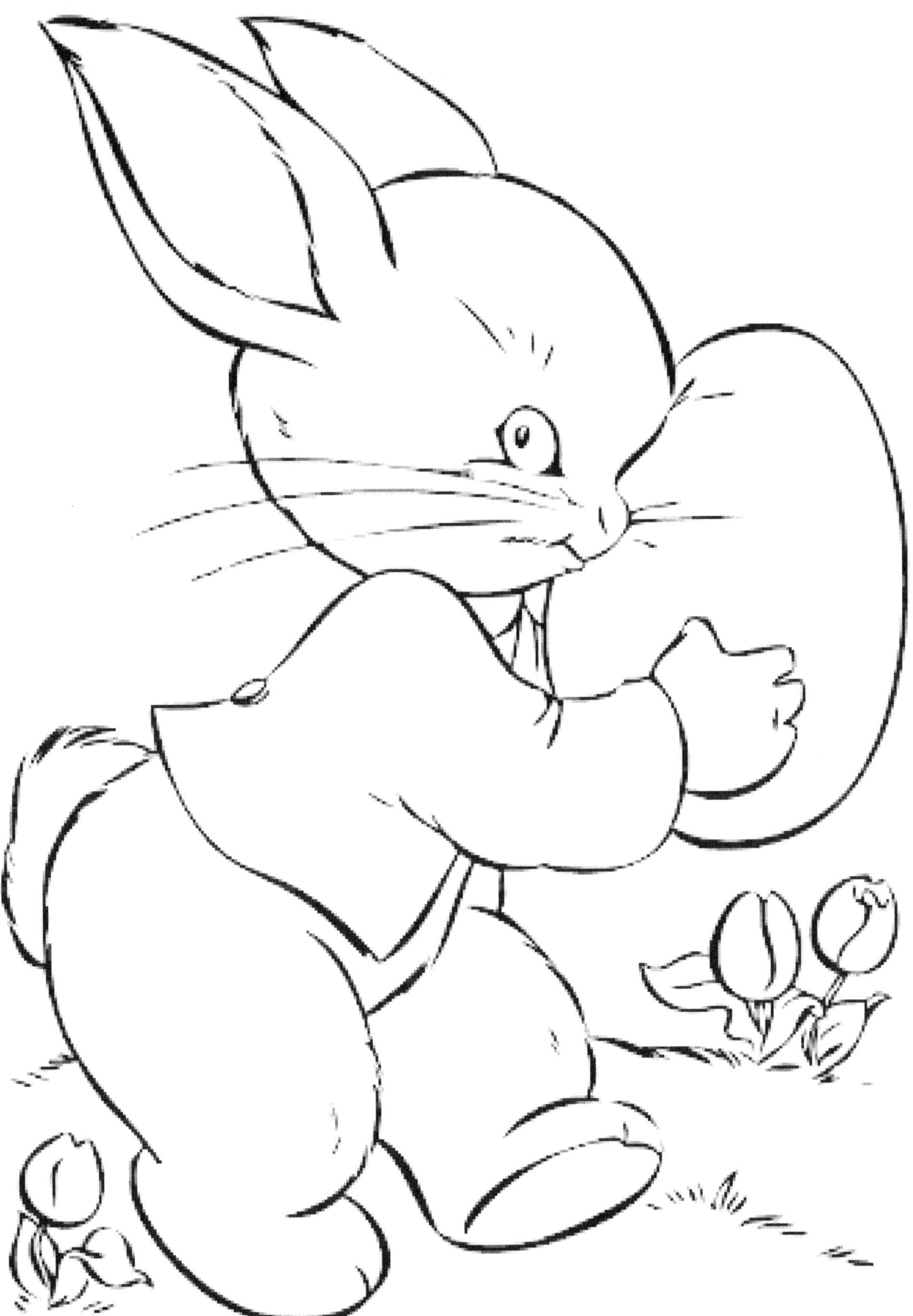

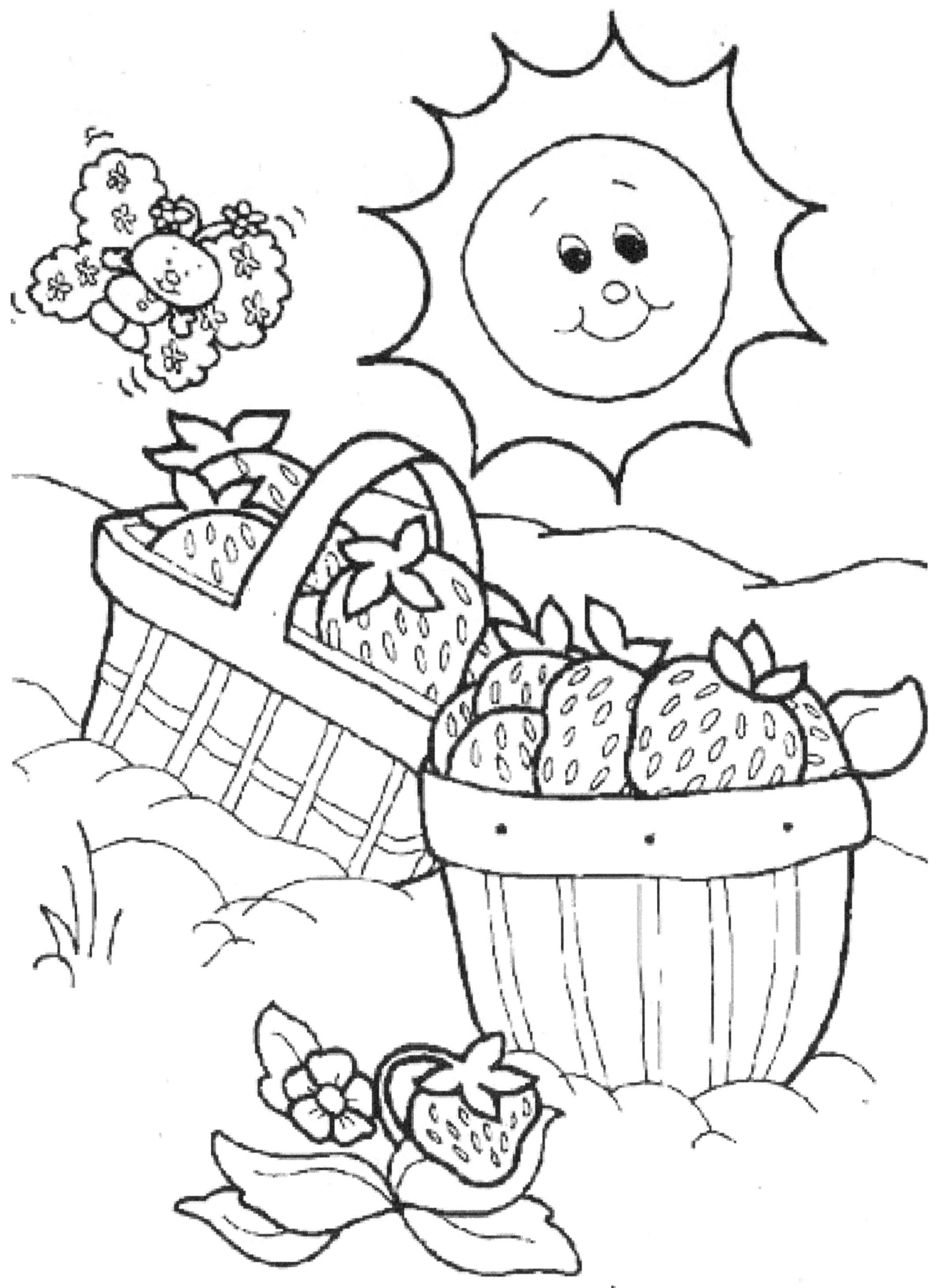

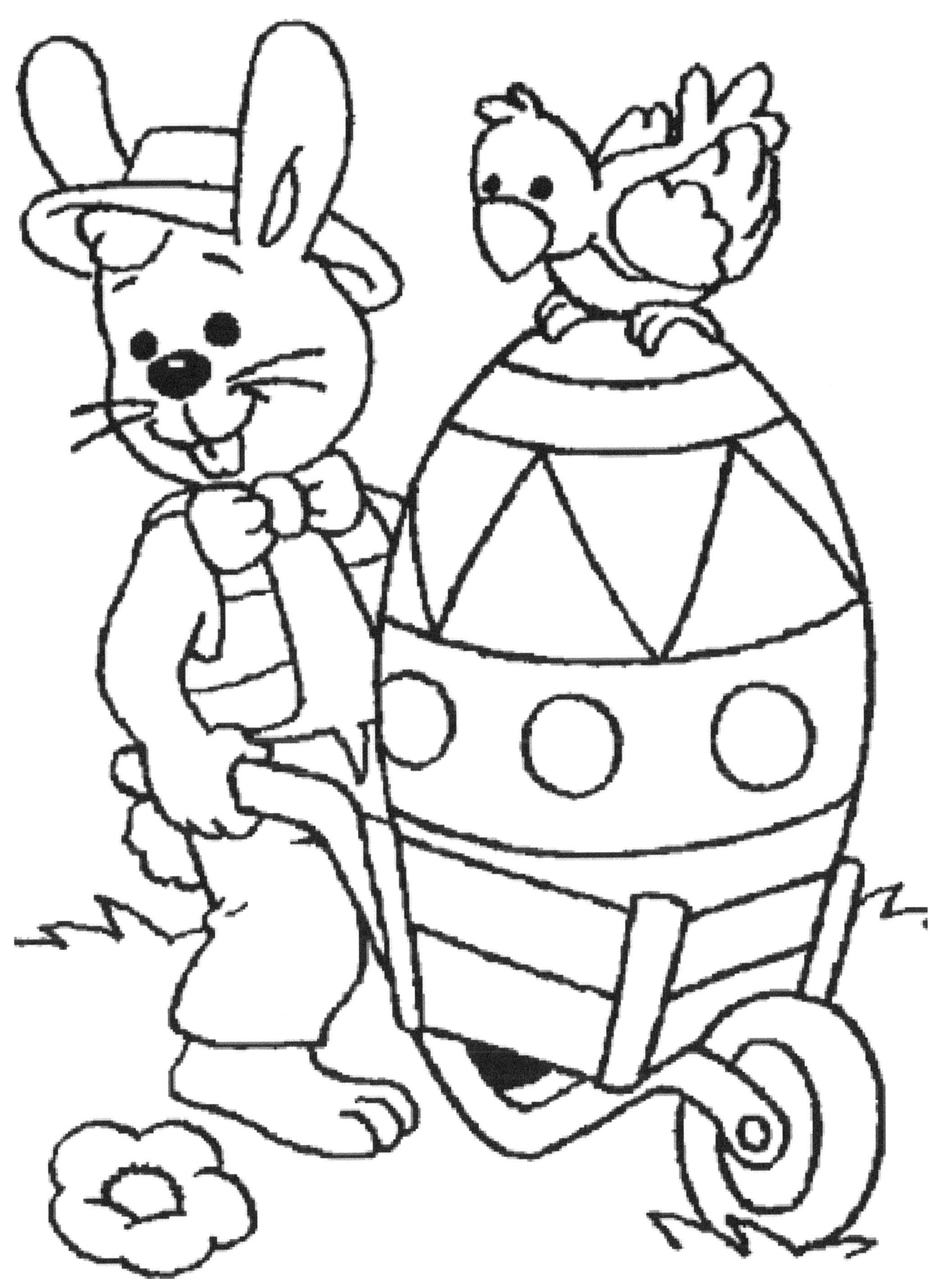

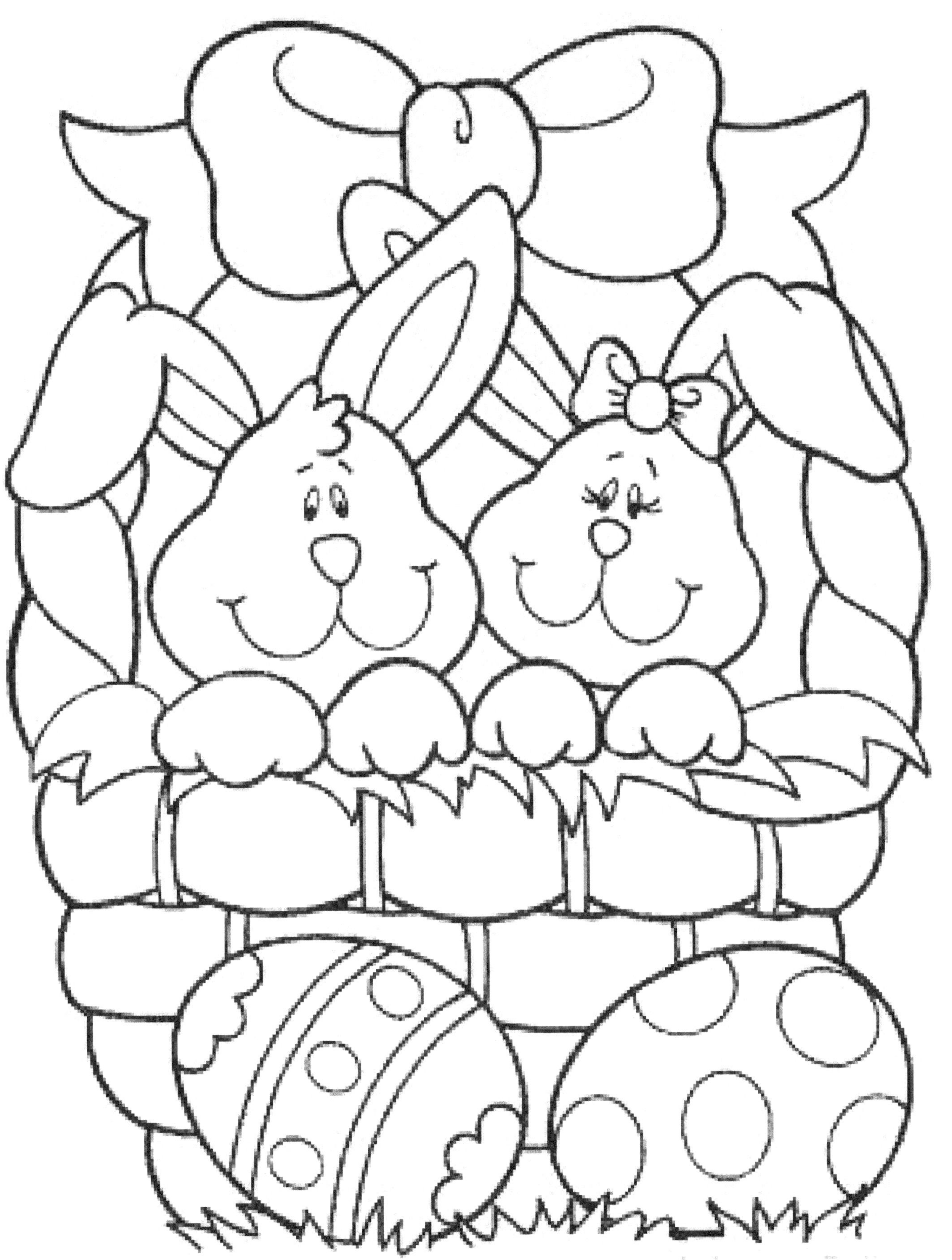

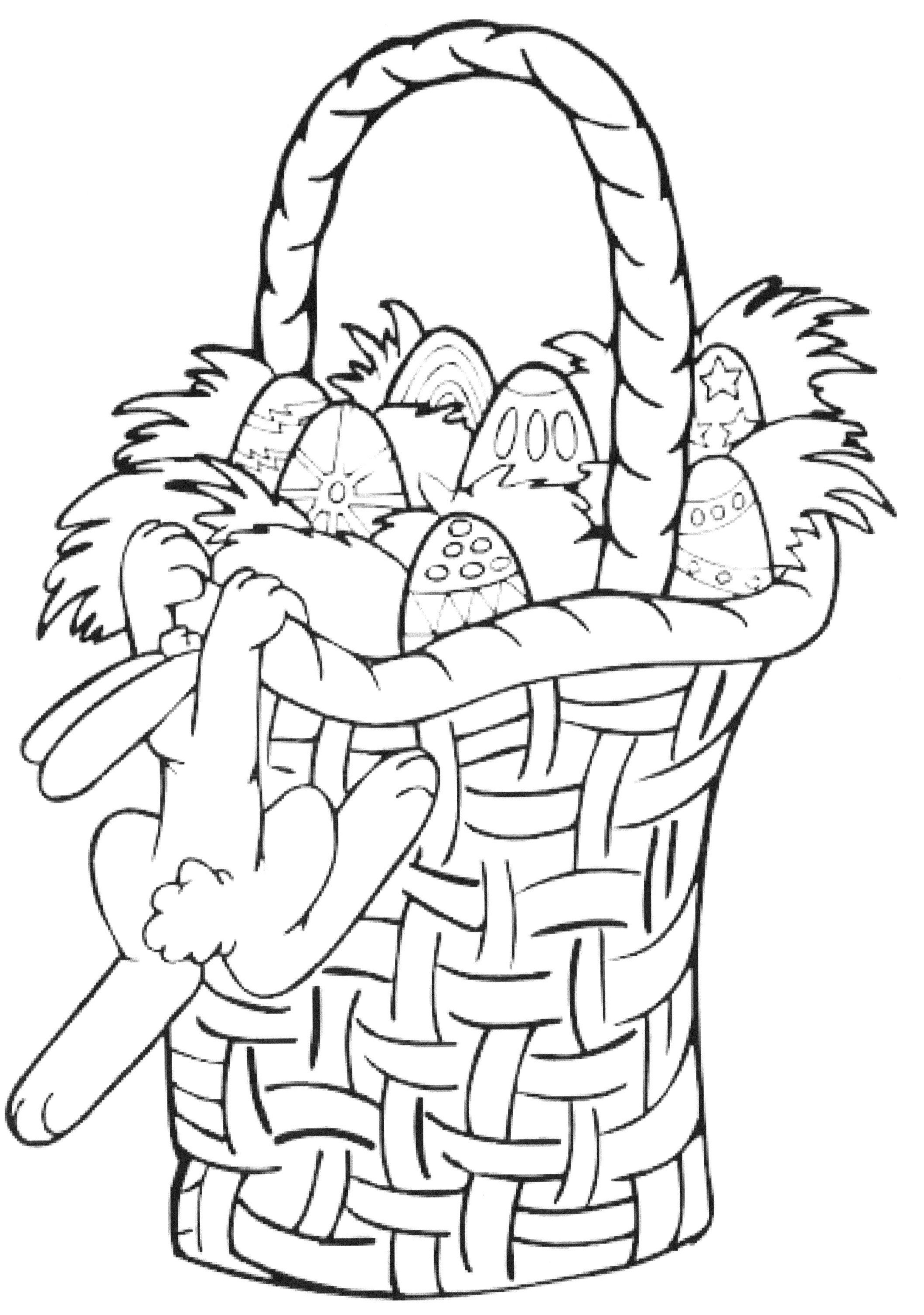

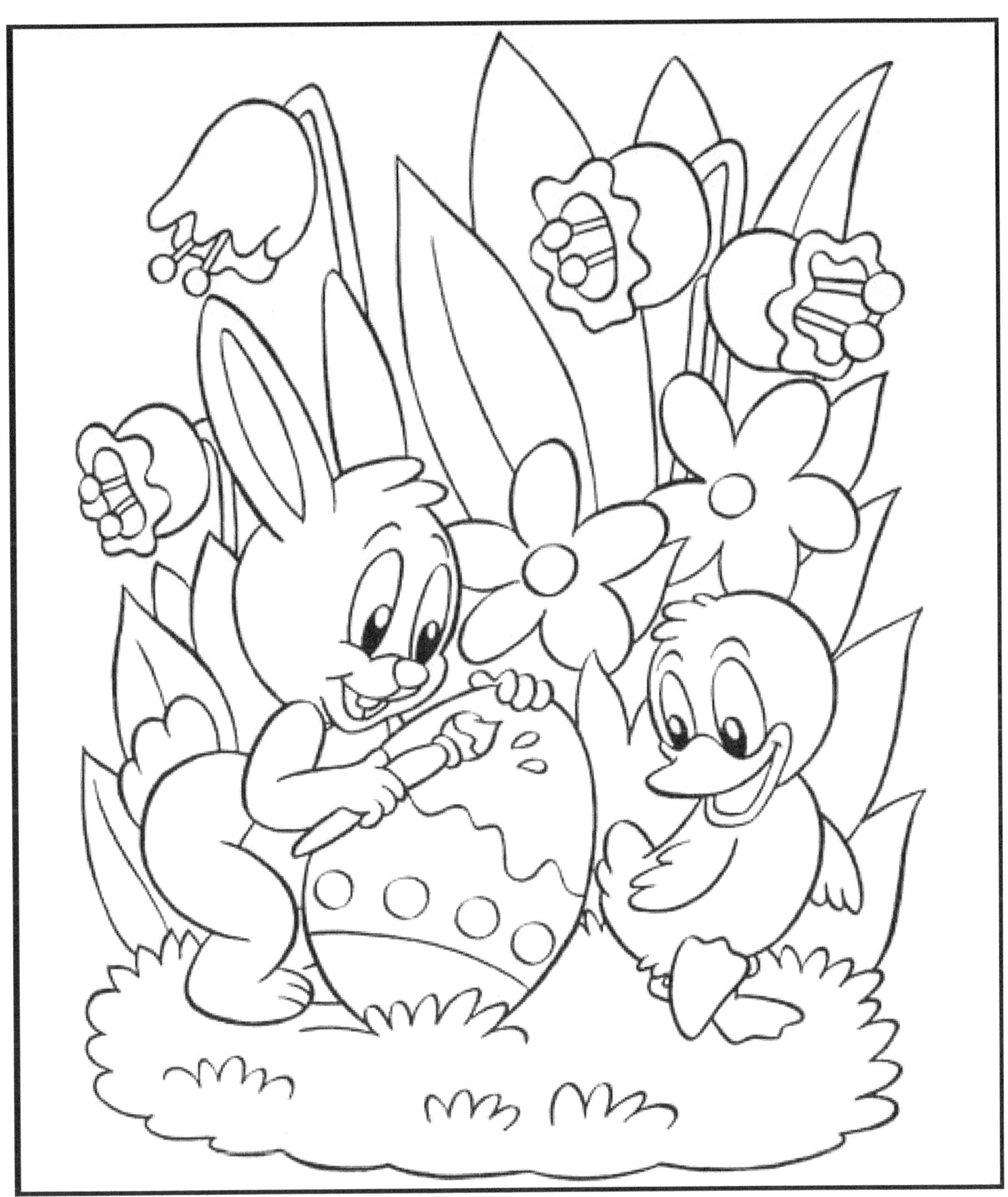

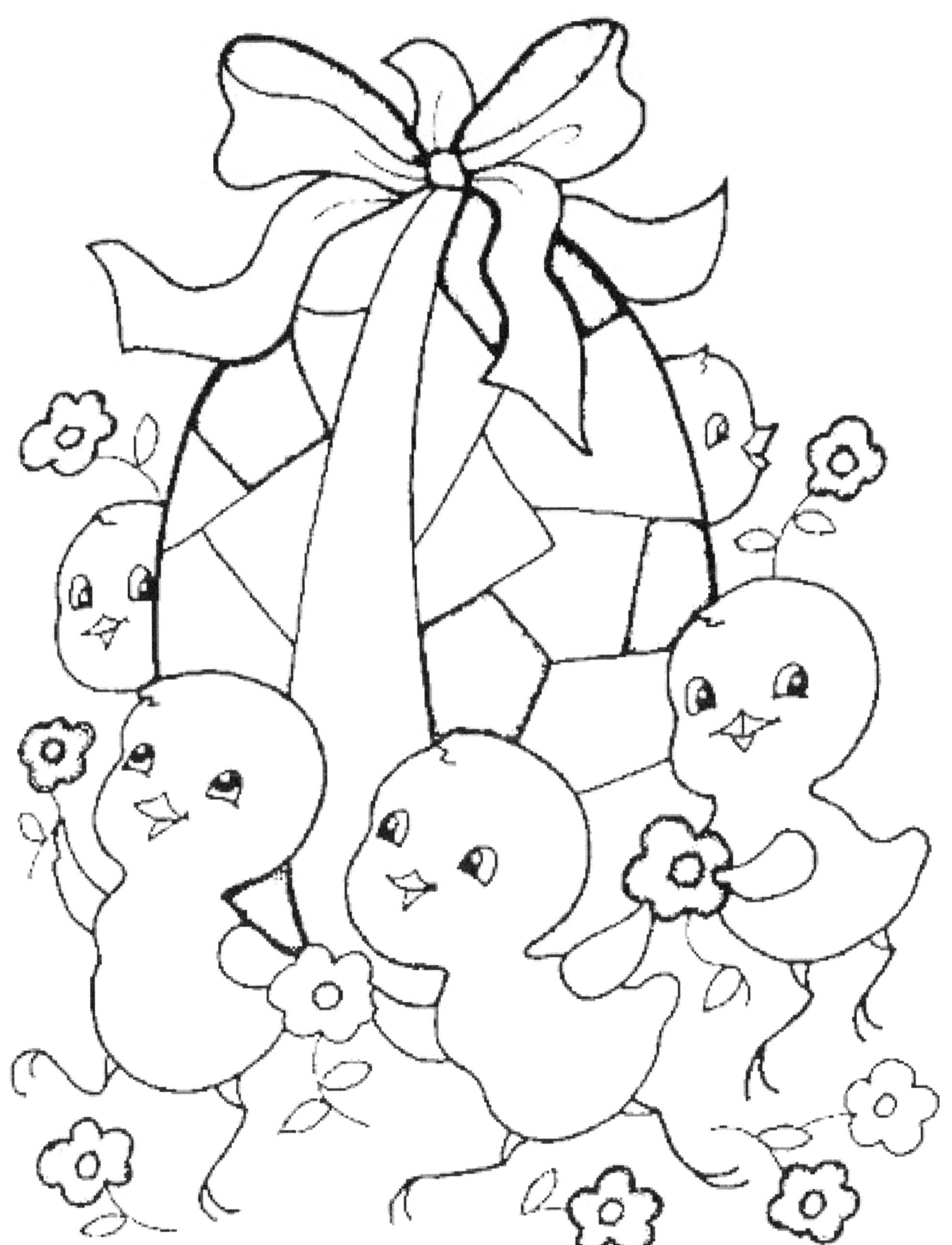